Karl Itzinger

# Not und Kampf
# Deutscher Bauern
## (Bauernkriege)

D1695243

Archiv-Edition

1992
Archiv-Edition, Verlag für ganzheitliche Forschung und Kultur,
D-2251 Viöl/Nordfriesland
Faksimile-Ausgabe der im Ludendorffs-Verlag erschienenen
Auflage von 1935
Eigendruck

ISBN 3-927933-24-4

# Einleitung

Wenn wir die Bauernkriege des 15., 16. und 17. Jahrhunderts richtig betrachten und beurteilen wollen, dann müssen wir vorerst mehr als ein halbes Jahrhundert hinter die Zeit des ersten großen Ausbruches dieser Volkserhebungen zurückgreifen. Dann erst können wir den **Urgrund** dieser gewaltigen Erhebungen erkennen und es wird uns offenbar, daß die Bauernkriege **mehr** waren als ein Kampf um die Befreiung von etlichen leiblichen Lasten und Pflichten, **mehr** waren als ein Kampf um die Erhaltung der Lehre **Martin Luthers.** Es wird uns dann bewußt, daß die Bauernkriege die **letzte große, wirklich aus der Tiefe kommende, blutmäßig bedingte, gewaltsame Äußerung des Deutschen Blutes und Empfindens gegen artfremde Glaubenslehre und wesensfremdes Recht** gewesen sind. Daran ändert auch die Tatsache nichts, daß die in den berühmten „zwölf Artikeln" zutage tretenden Kampfziele zum Teil nur eng begrenzt und sozusagen nur aufs Dorf zugeschnitten waren. Zwischen diesen „zwölf Artikeln" leuchtet und hinter ihnen steht der Wille und die Sehnsucht zahlloser Geschlechter nach **Freiheit und dem artgemäßen Recht von Einst.** Zum Erstenmal in der Deutschen Geschichte wird im Deutschen Bauernkrieg von **unten her** die laute Forderung erhoben nach **Geistes Freiheit und Einheit des Reiches.**

In dieser Schrift soll auch von dem Bauernkrieg der Jahre 1525 und 1526 in Österreich und in Salzburg gesprochen werden. Es ist viel zu wenig bekannt, daß in der Bauernbewegung des 16. Jahrhunderts der erste schwere Schlag und auch der letzte in Österreich fiel. Ja, ein Jahrhundert später, als die Bauern im Reich an eine Erhebung nicht mehr denken konnten, wagten die Bauern in Oberösterreich ihren großen Waffengang und erhoben sich noch zweimal, nachdem schon mehr als fünfzehntausend Brüder unterm Rasen lagen. Wer den endgültigen äußeren Erfolg zum Maßstab der Beurteilung eines Geschehens nimmt, dem wird die Betrachtung der Bauernkriege keine Saiten des inneren Erlebens zum Erklingen bringen. Wer aber auf die **Stimme des Blutes** horcht und nicht nur den Erfolg, sondern auch den guten Willen gelten läßt und richtig einschätzt, der wird sich in Ehrfurcht neigen vor dem Streben, Wollen und Sterben der bäuerlichen Freiheitkämpfer, denen der Erfolg versagt blieb, weil sie zu lange geknechtet und **innerlich unfrei erzogen wurden,** so daß sie nicht so handlungbereit sein **konnten** wie sie es hätten sein **müssen.** Dessen ungeachtet hört der Deutsche Mensch aus den Bauernkriegen heraus die Deutsche Seele immer wieder aufschreien! Und **dies ist es,** was uns so gewaltig erfaßt und uns die Bauernkriege als das „Heldenlied der armen Leute" erscheinen läßt.

Was im Nachfolgenden über die Art der Verknechtung des einst freien Deutschen Bauern, über die Bedrückungen, Frohnen, Lasten usw. gesagt wird, ist allgemein gehalten und betrifft voran die süddeutschen Verhältnisse. Es war aber auch in Süddeutschland nicht überall gleich und muß bemerkt werden, daß insbesonders das Los des österreichischen Bauern ein ungleich besseres war als z. B. das Los des schwäbischen Bauern. Aber nirgends läßt sich erweisen, daß etwa „unterm Krummstab gut wohnen war".

Die Geschichte soll dem Volk nicht nur die Kenntnisse vom Leben seiner Vorfahren vermitteln und über Jahrhunderte hinweg mit dem Volkstum verbinden, die Geschichte bedeutet nicht zum wenigsten Kampferfahrung. Sie zeigt späteren Geschlechtern die Fehlerquellen der vorangegangenen und gibt die Möglichkeit, solche im Kampf um das völkische Dasein zu vermeiden. Besonders die Bauernkriege, der Kampf der bäuerlichen Bevölkerung, als der mit der heimatlichen Scholle am festesten verwurzelte Teil des Deutschen Volkes, zeigen uns ein stummes Heldentum, an dem man nur zu leichtfertig vorüberging, wenn man diesen heldenmütigen Kampf mit den Bezeichnungen Aufruhr und Empörung abtun zu müssen glaubte.

Gewiß hat die Geschichteschreibung unter dem Einfluß und der Betrachtung vom Städter her die Bauernkriege stark vernachlässigt, desgleichen die für dynastische Zwecke geschriebene Geschichte; vor allem aber müssen wir die Unterdrückung, ja Fälschung der Geschichtetatsachen beachten, die von jenen im Geheimen Arbeitenden ausging, denen die Wahrheit über die Geschehnisse recht unerwünscht, ja gefährlich für ihre weiteren völkerversklavenden Ziele werden mußten: Rom und Juda.

Erst in unserer Zeit wurden uns volle Erkenntnisse über das Wirken dieser geheimen überstaatlichen Mächte. Das Werk Frau Dr. Mathilde Ludendorffs „Der ungesühnte Frevel" zeigte zum ersten Male die Arbeit der Geheimbrüder, vor allem das verhängnisvolle Wirken des Rosenkreuzers Br. Melanchthon auf in der Zeit, da das Deutsche Volk sich zum Kampf um die Freiheit in den Bauernkriegen erhob. Die Werke „Das Geheimnis der Jesuitenmacht" von E. u. M. Ludendorff und „Kriegshetze und Völkermorden" bilden die Fortsetzung für die darauffolgenden Geschichteabschnitte.

Beim Lesen und Miterleben der Bauernkriege muß uns klar sein, daß die Deutschen jener Zeit nicht die Erkenntnisse besaßen, wie wir heute, vor allem noch nicht die Rasseerkenntnis und Deutsche Gotterkenntnis unserer Tage. Aber aus ihrem Erbgute, aus der Volksseele, aus dem Unterbewußtsein steigt es in ihnen in der Stunde der Todesnot des Volkes empor und führt sie zu Einzelerkenntnissen und Taten, die wir bewundern, während sie daneben aber auch irren. So sehen wir in ihren Worten und Taten manche herrliche Wahrheit, daneben aber auch schlimmen Irrtum und Wahn. Gerade dies soll uns die Geschichte lehren und erkennen lassen.

# Not und Kampf Deutscher Bauern

## Frei unterm Deutschen Recht!

Zur Zeit, als das Gebiet südwärts des Mains bis hinunter zu den Alpen von germanischen Stämmen gewonnen und besiedelt ward, gab es, innerhalb des Stammes und der Sippen, nur freie Männer. Wer unfrei oder leibeigen war, gehörte einem fremden Volke an, stammte von einem solchen ab oder hatte durch eine leichtfertige oder fluchwürdige Tat seine Freiheit verloren und ward deshalb außerhalb des Stammes und der Sippe gestellt.

Ursprünglich gehörte aller Boden, der besetzt oder erobert worden war, dem daraufsitzenden Stamm und wurde alljährlich durch die Versammlung der freien Männer an die Sippen zur Nutzung verteilt. Erst allmählich ging die Allode, so hieß das der Sippe zugeteilte Land, in das unbestrittene Eigentum und Erbrecht der Sippe bzw. des Oberhauptes der Sippe über. Hingegen blieb das übrige Land, die Allmende, dem ganzen Stamm zu eigen und nutzbar. Wald, Wasser und Weide waren frei. So entsprach es den Grundsätzen des Deutschen Rechtes, das u. a. besagte: „Alles, was die Natur dem Menschen ohne dessen Zutun schenkt, ist der Allgemeinheit zu eigen. Alles, was der Einzelne durch seine Arbeit erwirbt oder was ihm seine Väter als Ergebnis ihrer Arbeit hinterlassen haben, ist nur dem Einzelnen zu eigen. Alles, was aus der gemeinsamen Arbeit aller entstanden ist, gehört allen."

Dieses Deutsche und wahrhaft sittliche Boden- und Eigentumsrecht wurzelte im Gemeinschafts- und Genossenschaftsgedanken. Es unterband das Aufkommen von Neid und Habsucht, stellte das Wirken des Einzelnen ohne Zwang in den Dienst der Allgemeinheit und stärkte die Liebe aller zum gemeinsamen Boden, der dadurch zur Heimat ward. In der Volksversammlung, an der alle freien Männer mit gleichen Rechten teilnahmen, erfolgte die Verteilung. Wenn also ein verdienter Mann oder der Herzog mehr Boden erhielt als ein anderer, so geschah dies mit Billigung aller. So blieb es auch, als sich im Lauf der Zeit und in Auswirkung der ständigen Kriegsbereitschaft die Macht und das Ansehen der Edelinge und des Herzogs hob. Immer noch entschied die Volksversammlung, stellte sich der freie Mann nur dem Gericht, das sich aus seinesgleichen zusammensetzte. Die Edelinge waren wohl angesehen, hatten aber keine Sonderrechte. Sie mußten stets bestrebt sein, ihr Ansehen so zu wahren, daß es vor der Volksversammlung bestehen konnte. Auch mit dem Herzog war es so. Also hing die Ausübung der Führerschaft sehr wesentlich ab von der Betätigung und den Eigenschaften der hierzu berufenen Männer.

Dafür, daß der Herzog im Kriege führte und im Frieden schlichtete, brachten ihm die Sippen alljährlich freiwillig bestimmte Gaben dar. Diese Gaben wurden, gewöhnlich im Mai oder im Herbst, unter einem mit bunten Bändern geschmückten Baum

— dem Mai- oder Herbſtbaum — zuſammengetragen. Bei Spiel und Tanz fand dann die Überreichung ſtatt, um ſinnfällig zu weiſen, daß man die Gaben mit freudigem Gemüt bringe. Aber zu fordern hatte der Herzog nichts, es ſei denn die Heeresfolge im Falle eines Aufrufes. Dieſer ehrenvollen und unnachlaßbaren Pflicht oder beſſer dieſem Recht hatten ſich alle freien Männer zu unterziehen und ſie taten es gerne, denn in ihnen lebte ein heldiſcher Geiſt, der genährt wurde durch die Kräfte einer lebendigen Volksſeele. So war es in jener fernen Zeit, in der bei unſeren Vorvätern noch Blut, Recht und Glaube eine Einheit bildeten und den wahrhaft freien Deutſchen Menſchen formten.

## Römiſch’ Recht — der Frei’ wird Knecht!

Ins „rauhe“ Land wurde die „milde“ Lehre des Chriſtentums getragen. Mit dem Chriſtentum kam auch das römiſche Recht. Schleichend war es langſam hinterher gekrochen. Weſensfremd war das römiſche Recht den Deutſchen, denn es ſtand weitab vom Gemeinſchaft- und Genoſſenſchaftgedanken. Es ſprach dem König das oberſte Verfügungrecht über Grund und Boden zu. Das römiſche Recht diente den Bedürfniſſen der Mächtigen und machte ihnen die Schwächeren untertan. Wo es ſich durchſetzte, verfielen die Allmenden und alles freie Land wurde als königseigen erklärt. An die Stelle des durch Leiſtung erworbenen und jederzeit widerrufbaren Führertums trat das erbliche, unantaſtbare Gottesgnadentum des Königs, der ſich durch Königsboten, Gaugrafen und Vögte vertreten ließ, die auch in ſeinem Namen das Richteramt ausübten. Durch die Geiſtlichkeit wurde der kriegeriſche Geiſt des freien Mannes zu Sünde und Hochmut, die unmännliche Demut hingegen zur Tugend umgewertet. Das Schwert ward untertan dem Kreuz. Weltfremde, meiſt auch blutsfremde Mönche lenkten die Gedanken der auf ſie hörenden freien Männer vom Dieſſeits ab und hinüber auf die zu erwartenden Freuden und Leiden eines jenſeitigen Lebens. Langſam aber ſicher ward der im Blute lebende heldiſche Geiſt zurückgedrängt. Deutſches Gotterleben wurde auf chriſtlichen Gottesbegriff, heldiſche Weltanſchauung auf den demütig leidenden Chriſtus umgeſtellt, vorſichtig mit dem „Heliand“ begonnen, dieſer Erſatz-Dichtung für die vernichteten Deutſchen Heldenlieder, darin Jeſus von Nazareth in der Art eines Herzogs und ſeine jüdiſchen Jünger als Deutſche Edelinge dargeſtellt werden. Denkmale und Eichen fielen, Kirchen und Klöſter erſtanden. Sie wurden freigiebig mit königseigen gewordenem Land ausgeſtattet.

Neben dem königseigenen Großgrundbeſitz entſtand der rieſige Grundbeſitz der Klöſter. Wie mächtig ſich dieſer entfaltete, geht daraus hervor, daß z. B. dem Kloſter Tegernſee, um das Jahr 800 herum, ſchon über 11800 Huben, d. ſ. Bauernhöfe, dienſtbar und abgabepflichtig waren. Viele freie Bauern ſtellten ſich freiwillig unter den Schutz und ſomit in den Dienſt eines Kloſters. Sie taten es zumeiſt um der in der Zeit der Karolinger beſonders drückenden Pflicht der Heeresfolge für imperialiſtiſche Ziele zu entrinnen. Wer unter einem Kloſter ſtand, der war von jeder Heeresfolge frei. Es gab auch viel Freie, die um ihr Seelenheil ſo beſorgt waren, daß ſie um deſſentwillen ſich ſelbſt, die Ihren und ſomit ihre ganze Nachkommenſchaft einem Kloſter ſchenkten. Wieder andere verloren ihre Freiheit durch das hohe Wergeld, das auch noch nach Einführung des Chriſtentums auf jeder Bluttat ſtand und ſelten aus eigenen

Mitteln bezahlt werden konnte. Also gab sich der Bestrafte, mit seiner ganzen engeren Sippe, jenem Herrn zu eigen, der für das Wergeld aufkam. Durch Karl den Sachsenschlächter wurde in Bayern die Leistung des Zehents an die Geistlichkeit, nach dem Muster des mosaischen Gesetzes, eingeführt. Die Geistlichkeit bezeichnete den Zehent als eine Einführung nach der „göttlichen Ordnung", was allerdings nicht hinderte, daß er übertragen und auch an Weltliche verkauft werden konnte. In die karolingische Zeit fällt auch die allgemeine Anwendung des Lehenswesens, das sich darin äußerte, daß der König seinen um ihn verdienten Dienstleuten Höfe, Dörfer und ganze Landstriche zur Nutznießung zu „leihen", also zu Lehen gab. Die Lehensmänner erhoben ihrerseits Abgaben und forderten verschiedene Dienste von den Bauern. Schließlich führte auch die Kirche auf ihren riesigen Gütern das Lehenswesen ein, trat selbst unter die an den Kriegen beteiligten Gruppen und forderte von den ihr pflichtigen Bauern die Heeresfolge. Also mußten die Söhne jener freien Bauern, die um der Heeresfolge willen ihre Freiheit hingaben, wiederum die Heeresfolge leisten, was bei den ständigen Kriegen und Fehden außerordentlich große Opfer an Gut und Blut kostete und manchen dienstpflichtigen Bauer in die Leibeigenschaft brachte. Da die Kinder aus den Ehen zwischen Freien und Unfreien stets zur „ärgeren Hand" fielen, d. h. unfrei wurden, vermehrte sich die Zahl der Unfreien zusehends. Der berüchtigte „Rutscherzins", der darin bestand, daß sich die rückständigen Abgaben mit jedem verspäteten Tag verdoppelten, brachte viel tausend dienstpflichtige Bauern in die vollständige Abhängigkeit und zur Preisgabe der letzten Reste ihrer Freiheit.

Je kleiner die Zahl der noch frei gebliebenen Bauern wurde, desto mehr stellte man sie unter Druck. Unter dem schwächlichen Regiment der letzten Karolinger wuchs die Macht der kleineren Herren stark an. Sie betrachteten die immer noch gebliebenen, wenn auch nur mehr in spärlichem Ausmaß vorhandenen, freien Bauern als einen Fremdkörper in den von ihnen beherrschten Gebieten. Die häufigen Fehden der kleinen Herren untereinander hielten die noch frei gebliebenen Bauern in ständiger Unsicherheit, da sie den Kriegshaufen der Herren nur mit ihren eigenen Söhnen und Knechten entgegentreten konnten. Also begaben sich wiederum viele noch halbwegs frei gebliebene Bauern in den Schutz und somit in den Dienst und die Abhängigkeit eines Mächtigen. Andere kamen in die Zinsknechtschaft der in den aufstrebenden Städten sich ansammeln-Juden und konnten sich nur durch den Verkauf ihres Hofes und etwa auch ihrer selbst an einen Herrn oder ein Kloster von den drückenden Verpflichtungen lösen. So wurden die freien Höfe und die freien Männer immer weniger, die Abgaben und Beschränkungen der unfrei gewordenen Bauern aber immer mehr.

Während in Mittel- und Süddeutschland die Verknechtung fast ohne Gegenwehr vor sich ging, gab es im Norden einen mancherorts verzweifelten Widerstand. Zweiunddreißig Jahre lang (772—804) kämpften die Sachsen um ihre Freiheit. Am Ende dieses Kampfes stand ein fast entvölkertes Land. Nochmals, im Jahre 842, erhoben sich die Sachsen, diesmal auch gegen die Leistung des Kirchenzehents. Wiederum voll Heldenmut, aber ohne Erfolg. Glücklicher kämpften die Ditmarschen in den Jahren 1144 und 1164. Gleich mutvoll, wenn auch öfter erfolglos, rangen die Friesen gegen die Adels- und Priestermacht, gegen Lehensheere und Bannflüche. Unvergessen ist das heldenmütige Ringen der Stedinger, die von 1229 bis 1234 gegen den Erzbischof Gerhard von Bremen zu Feld zogen und 1234 einem durch Papst Gregor IX. gegen sie aufgebotenem „Kreuzheer" nach tapferster Gegenwehr erlagen. Ebenso wurden die heidnischen Altpreußen vom Deutschen Ritterorden vernichtet. Dann war es zwei Jahrhunderte lang still. Nur im Blute vieler Bauern regte sich manchmal ein übermächtiges Sehnen und Drängen als immer wiederkehrender Nachklang des ungestümen Freiheitwillens längst versunkener Geschlechter.

## Der „arme Mann"

Als das vierzehnte Jahrhundert zu Ende gegangen war, gab es, südwärts des Mains, ausgenommen in der Schweiz und in Tirol, nur ganz wenig wirklich freie Bauern. Die Masse der Bauern war zinspflichtig oder leibeigen geworden. Das Einkommen und somit die Macht des Adels und der Klöster fußte vornehmlich auf dem Besitz des Bodens und den Abgaben der darauf sitzenden Bauern. Daher lag es im Bestreben jedes Herren, über möglichst viel leibeigene oder doch zins= und dienstpflichtige Bauern zu verfügen. Oft ist es vorgekommen, daß freie oder nur zinspflichtige Bauern in ein Verließ geworfen und so lange darin gefangen gehalten wurden, bis sie sich und die Ihren der Herrschaft als leibeigen verschrieben. Vom Kloster Kempten ist dies erwiesen.[1]) Zur Sicherung des Nachwuchses der Leibeigenen führten viele Herrschaften für ihre Leibeigenen den Heiratzwang ein. Wie man mit den Kindern von Leibeigenen verfuhr, deren Vater der einen und deren Mutter der anderen Herrschaft zugehörte, zeigt uns ein Vertrag, der am 29. Juli 1278 zwischen dem Domkapitel zu Salzburg und dem dortigen Kloster St. Peter abgeschlossen wurde. Nach diesem Vertrag fiel das erste Kind, das aus der Ehe eines Leibeigenen des Klosters mit einer Leibeigenen des Domkapitels stammte, dem Kloster zu, das zweite dem Domkapitel und so abwechselnd weiter. Ein anderer Vertrag ist uns in einer Urkunde des Jahres 1333 überliefert. In diesem Schriftstück verkauft ein Ritter zwei Bäuerinnen „Agnes und ihre Schwester Mahilt" an den „ehrsamen, geistlichen Herrn", den Abt des Klosters Lorch für „drei Pfund Heller". Ausdrücklich ist in dem Vertrag hervorgehoben „und ihre Kindt, die davon kommen mögen". Also war der Preis für zwei Deutsche Frauen samt ihren noch zu erwartenden Kindern etwa RM. 6.— nach heutiger Währung. Bezeichnender Weise ist der Käufer ein geistlicher Würdenträger. Überhaupt war es in jenen Zeiten, als die Kirche eine schier unbegrenzte Macht ausüben konnte, mit der „Heiligkeit der Familie und der Ehe" recht schlecht bestellt. Das zeigt uns das berüchtigte „jus primae noctis", d. i. das „Recht der ersten Nacht". Ob dieses „Recht" auf Deutschem Boden jemals wirklich ausgeübt wurde, ist bestritten und wohl auch unbewiesen. In Österreich jedenfalls läßt sich nicht erweisen. Aber — und dies ist Schande genug — ein solches „Recht" bestand! Dies bezeugt uns der Satz: „. . . so sol der brütgam den mayer by sim wib lassen ligen die ersten nacht oder er sol sy lösen mit 5 schilling 4 pfenning." [2]) Jedenfalls mußte das „Recht der ersten Nacht" mancherorts durch den „Hemdschilling", den „Jungfernzins" oder den „Bettmund" abgelöst werden.

Das Anwachsen und Emporblühen der Städte machte die Bürger wohlhabend und gestattete ihnen oftmals die Entfaltung eines großen Prunkes. Diesem Aufwand konn=

---

[1]) Antwort der Kemptner Bauern an ihren Fürstabt 1525.
[2]) Jakob Grimm „Weistümer" I./43.

ten die meisten Herren in der Regel nicht folgen, es war denn, daß sie ihre Einkünfte
erhöhten, was wieder nur durch neue Belastungen ihrer Bauern geschehen konnte.
Viele taten dies und ersannen die vielfältigsten Steuern und Abgaben. Allgemein in
Süddeutschland war eingeführt die Leistung des „Beſthauptes", d. i. des beſten
Stückes Vieh, beim Tod des Bauern bzw. der Übernahme des Hofes durch den Erben
des Verstorbenen, an die Herrschaft. Oft wurde noch mehr, mancherorts sogar die
Hälfte der Hinterlaſſenſchaft begehrt, wie aus den Beſchwerden der Altenweiler
Bauern gegen den A b t  v o n  A l t d o r f  hervorgeht. In dieſer Beſchwerde heißt es,
daß „wenn einer ſtirbt, der Abt kommt und mit der Frau oder dem Manne teilt".
Nicht ſelten wurden unverheiratete Erben eines Bauern, falls ſie unverheiratet ſtarben,
nicht von den Verwandten, ſondern von der Herrſchaft beerbt.³) Macht= und Geld=
gier, insbeſonders der höheren Geiſtlichkeit, trieb überall die abſonderlichſten Blüten.
In der Herrſchaft  S t ü h l i n g e n  und  L u p f e n  mußten z. B. die Bauern jenes
Gut, das ihnen von einem Dieb geſtohlen worden war und das ſie dem Dieb wieder
abgejagt hatten, der — Herrſchaft abliefern, da ſonſt die betreffenden Bauern der
Strafe verfielen.⁴) Beſonders drückend waren in vielen Gegenden die Fronen, d. h.
die Zwangsarbeiten für die Herrſchaft. Die meiſten Klöſter und Burgen ſind durch die
harte Fronarbeit der dienſtpflichtigen Bauern gebaut worden. Es gab zudem Jagd=,
Fiſcherei=, Holz=, Wacht=, Hof=, Weinfuhr=, Geſpann=, Acker=, Schnitt=, Dreſch= und
Zaunfronen uſw., die umſonſt oder für ein Spottgeld, zumeiſt aber zur ungelegen=
ſten Zeit geleiſtet werden mußten. Dabei war den Bauern in den wenigſten Fällen
die rechtliche Herkunft ihrer Laſten und Fronen bekannt. Hingegen fälſchten darin
geübte Herren alte Urkunden, wie z. B. im Jahre 1423 der  F ü r ſ t a b t  v o n
K e m p t e n , der ſich damit verantwortete, er „mache es doch nur wie die anderen
Herren auch." Kein Wunder, daß die Bauern ihre Heimaterde nicht mit frohem
Mut, wohlgenährten Roſſen und blinkenden Pflügen, ſondern mit mürriſcher Ver=
droſſenheit, mageren Ochslein und oftmals geflicktem Urvätergerät bebauten. Scheu
und ſcheel blickten ſie nach dem feiſten Wild, das ihre Saaten und Ernten zertrat und
mehr gewertet wurde als die Bauern. Wer ſich am Wild vergriff, der wurde oftmals
mit Entmannung, mit Ausſtechen der Augen oder mit dem Abhauen der Hände be=
ſtraft. Ein  F ü r ſ t b i ſ c h o f  v o n  F r e i ſ i n g  ließ ſeine Untertanen, die beim Wild=
frevel ertappt wurden, mit den Ohren an die Waldbäume nageln.

Mit der Zeit wurden die Abgaben und Fronen nicht weniger, die Beſchränkun=
gen aber immer mehr. Im 15. Jahrhundert gab es ſchon einen Anfail=, einen Markt=
und einen Wirtshauszwang, d. h. die Bauern mußten, ſofern ſie unter einem ſolchen
Zwange ſtanden, ihre Erzeugniſſe vor einem anderweitigen Verkauf der Herrſchaft
anfailen, durften ſie nur auf den von der Herrſchaft beſtimmten Markt bringen und
mußten ihre Taufen, Hochzeiten und Totenzehrungen in jenem Wirtshaus abhalten,
das die Herrſchaft namhaft machte. Hier und dort wurde den Bauern ſogar vorge=
ſchrieben, wieviel Wein ſie bei einer Hochzeit nicht etwa trinken durften, ſondern
trinken  m u ß t e n , denn der Wein wurde zumeiſt von der Herrſchaft geliefert. Hohe,
oft willkürlich verhängte Geldſtrafen und Geldbußen laſteten ſchwer auf dem gemeinen
Mann, der ſich bald ſelbſt als „armer Mann" bezeichnete. Der Grundherr war für

---

³) Beſchwerdeſchrift der Stühlinger Bauern 1525.
⁴) Ebendort.

den Bauer zugleich Richter und so kam es, daß Recht und Gerechtigkeit sich nur selten auf die Seite des Bauern neigten. Der Weg der Beschwerde zum Landesfürsten oder gar zum Kaiser durfte nur mit Bewilligung der Herrschaft gegangen werden. Und dieser Weg war für den Bauer zumeist weit, jedenfalls aber kostspielig und gefährlich. Kam solch ein Bauer wirklich einmal in die Nähe des Landesfürsten oder des Kaisers, dann war hundert gegen eins zu wetten, daß er entweder dem Schwert eines Reisigen oder einem tiefen Kerker verfiel.

Niemand schützte den Bauern. Die Kirche, einst und jetzt viel gepriesen als die „Zuflucht der Bedrängten", blähte sich als maßgebliche Mitträgerin der weltlichen Macht und hatte kein Ohr für die bedrängten Bauern, da sie ja selbst, durch ihre Bischöfe und Äbte, zur ärgsten Bedrängerin der Armen geworden war. Sie fesselte die Fürsten und Herren an sich, indem sie den jüngeren Söhnen der Fürsten und Herren die reichsten Bischofsitze und fettesten Abteien zukommen ließ, während die Seelsorge der stets geldbedürftigen, zumeist ganz ungebildeten und fast durchweg verlotterten, niederen Geistlichkeit überlassen wurde. Somit kam für den „armen Mann" zur leiblichen Qual auch noch die seelische Not. Beides drückte schwerer von Geschlecht zu Geschlecht und als das Mittelalter zu Ende ging, ließ es auf Deutschem Boden eine unzufriedene, größtenteils verarmte, an Leib und Seele arg gequälte Bauernschaft zurück. So traurig war das Los der Bauern in Süddeutschland geworden, daß sich sogar die gewiß nicht zimperlichen Bürger der Städte ihrer erbarmten, denn sonst hätte der Rat der Stadt Ulm nicht die Herren des Schwäbischen Bundes gebeten, sie sollten mit den „tyrannisch und unbilligerweise beschwerten armen Leuten ein Einsehen haben." Aber am Einsehen fehlte es! Also ballte sich bei den „armen Leuten" immer mehr Haß zusammen und drängte nach Entladung.

## „Loset, was ist das für ein neues Wesen . . ."

Um die Mitte des fünfzehnten Jahrhunderts begann es in ganz Deutschland zu brodeln und zu gären. Durch die immer mehr durchdringende Verwendung des Schießpulvers zu Kriegszwecken ward das ganze Kriegswesen umgestellt. Die Lehensheere verkümmerten, die Landsknechtheere tauchten auf. Das war für die Bauern eine neue Plage, wie uns ein alter Spruch beweist, der besagt: „Jeder Soldat braucht drei Bauern. Einen, der ihn nährt, einen, der ihn kleidet und einen, der ihm sein Weib gibt." Die Macht, aber auch die Verderbnis der Kirche stand auf dem Höhepunkt. Daneben entwickelte sich die neue Kapitalmacht — das Judentum. Es ist bezeichnend, daß sich die ersten Bauernaufstände in Mittel= und Süddeutschland zunächst gegen die Juden und geistlichen Fürsten richteten. Schon im Jahre 1391 zogen große Massen thüringische Bauern gegen die Stadt Gotha, um die dortigen Juden zu fassen, die einen besonders argen Zinswucher betrieben. Nur mit Mühe wurden die Bauern niedergehalten. Im Jahre 1431 sammelten sich ein paar Tausend bewaffnete Bauern zweimal vor der Stadt Worms und verlangten vom Rat dieser Stadt, daß er ihnen die Juden herausgäbe und sie „mit ihnen gewähren ließe". Die Bauern erzwangen schließlich eine ziemliche Erleichterung ihrer unerträglich hohen Zinslasten.

Im Jahre 1460 bildete sich im Hegau, wahrscheinlich mit Unterstützung der benachbarten und schon seit einem Jahrhundert frei gewordenen Bauern der Schweizer

Eidgenossenschaft, unter den Bauern von dreizehn Dörfern ein geheimer Bund, der eine Fahne führte, darauf ein Pflug und ein Bundschuh gemalt war. Diese Bauern verlangten vor allem die Abschaffung des Besthauptes". Es kam wohl zu einigen Aufläufen aber zu keinem wesentlichen Blutvergießen. Zwei Jahre nachher, im Jahre 1462, erhoben sich die Bauern im Salzburger Gebirge gegen ihren Erzbischof Burchard, der ihnen eine neue Steuer vorgeschrieben hatte. Durch die Vermittlung des Herzogs Ludwig von Bayern verlief auch dieser Aufstand ohne blutigen Kampf. In Niklashausen an der Tauber stand im Jahre 1476 ein Spielmann namens Hans Böhm auf, der gegen den Papst, die Geistlichkeit und auch den Kaiser predigte, die Einziehung aller großen Güter forderte, das Verlangen stellte, es müsse sich jeder Mensch die Nahrung mit seinen eigenen Händen verdienen usw. Dieser „Pauker von Niklashausen" stellte auch die Forderung auf, daß Wild, Wasser, Brunnen und Weide allenthalben frei sein sollten, und fand riesigen Zulauf. Der Bischof Rudolf von Würzburg ließ ihn greifen und am Freitag, den 19. Juli 1476, lebendig verbrennen. Zwei Bauern, die sich auf die Seite des „Paukers von Niklashausen" stellten, wurde der „Grind abgehauen" (geköpft).

Mittlerweile hatte das gedruckte Wort eine ungeahnte Auswertung gefunden. Flugschriften fanden den Weg von den Bauern in der Nähe der Städte bis in die entferntesten Dörfer. Überall fand sich ein Mann, der des Lesens kundig war und den Inhalt der Schriften unter die Leute brachte. Und so sehen wir denn, wie die Versuche zu Erhebungen einen immer größeren Kreis von „armen Leuten" umfassen und wie die Forderungen eine einheitlichere Prägung erhalten, insbesondere in jenen Punkten, die sich gegen die weltliche Betätigung der Geistlichkeit richten.

Der zweite Bundschuh entstand 1492 oder 1493 in der Gegend von Schlettstadt im Unterelsaß. Die Satzungen dieses Bundes verlangten, neben der Abschaffung verschiedener leiblicher Beschwernisse und Ungerechtigkeiten, daß kein Priester mehr wie eine Pfründe haben dürfe und die Klöster abgeschafft werden müßten. Die Verschwörung kam vorzeitig heraus, die zwei Häupter derselben wurden über Befehl des Bischofs Albrecht von Straßburg geviertelt, d. i. mit dem Schwerte hingerichtet und die Leiber in vier Teile zerhauen. Den ertappten Mitwissern ließ der Bischof die Finger abschneiden. Aber schon fünf Jahre später, im Jahre 1502, entstand der dritte Bundschuh zu Untergrombach im Gebiete des Bistums Speier. Auch hier dürften die Bauern mit den Schweizer Eidgenossen in Verbindung gestanden haben. Dieses Bündnis war bald sehr stark und weit verbreitet. Das Erkennungzeichen der Vertrauten dieses Bundes bestand in Frag und Antwort: „Loset, was ist das für ein neues Wesen" war die Frage, „Wir können vor dem Adel und den Pfaffen nit genesen" war die Antwort. Auf der blauweißen Fahne war ein Bundschuh gemalt und der Spruch: „Nichts, denn die Gerechtigkeit Gottes". In den Bundesartikeln hieß es, daß sich die Bauern zusammengetan hätten „auf daß sie frei sein mögen". Sie wollten „alles Joch der Leibeigenschaft mit Gewalt abschütteln" und „wie die Schweizer sein". Der dritte Bundschuh hatte eine stark religiöse aber durchaus antikirchliche Einstellung. Es sollten „alle Güter der Klöster, Domkapitel und Stifte" genommen und unter die „armen Leute" verteilt werden. Die Führer dieser Bewegung erkannten die schwache Seite der Bauern, denn sie erklärten von vornherein, daß sie nie länger als 24 Stunden auf der Walstatt verbleiben, sondern gleich weiterziehen wollten, bis das ganze Land zum Bundschuh geschworen habe. Wiederum wurde verlangt, daß Jagd und Fischerei, Weide und Wald „wieder jedermanns Eigentum sein sollte". Der schon eingeleitete Aufstand wurde durch einen badischen Knecht dem Bischof von Speier verraten. Gegen hundert Anführer wurden überrumpelt, gefangen gesetzt und vor Gericht gestellt. Zehn davon erlitten den Tod durch Henkershand, etlichen wurden die Finger abgeschnitten, die anderen wurden des Landes verwiesen und ihres Vermögens beraubt.

Zwölf Jahre rührte und regte sich nichts. Da erstand der vierte Bundschuh im Breisgau. Diese Bewegung war getragen von einem wirklich führenden Kopf, dem Bauer Joß Fritz, der schon beim dritten Bundschuh dabeigewesen war und im Dorfe Lehen in der Nähe von Freiburg hauste. Joß Fritz trug den Bundschuh weit über seine engere Heimat hinaus. Die Artikel des Bundes besagten, daß die Bauern künftighin keinen Herrn mehr haben wollten, „denn allein den Kaiser", und so taucht hier zum erstenmal der Reichsgedanke von unten her auf! Auch das Trachten nach dem alten Deutschen Grund- und Bodenrecht kam wieder sinnfällig zum Ausdruck in der Forderung, daß Wald und Wasser, sowie die Jagd frei sein sollten. Gegen das ungeheure Anwachsen des Vermögens der Kirche richtete sich das Verlangen, es dürfe jeder Geistliche nur eine Pfründe haben und die Zinsen und Renten der Klöster müßten abgeschafft werden. Wer sich ihnen und ihrem Verlangen widersetze, den wollten sie „zu Tode schlagen". Mit viel List und Not glückte es dem Joß Fritz, sich ein Fähnlein mit dem Bundschuh darauf malen zu lassen. Auch diese Bewegung wurde vorzeitig verraten, zwei Anführer fanden in Basel den Tod durch Henkershand, aber Joß Fritz entkam und ging in den Schwarzwald, wo er unentwegt für die Vorbereitung der nächsten Bauernerhebung tätig war.

Inzwischen hatte sich in Württemberg eine neue Vereinigung der „armen Leute", der „Arme Konrad" — auch der „Arme Kunz" genannt, — gebildet. Die Ursache der besonderen Unzufriedenheit der württembergischen Bauern lag im verschwenderischen Leben des Herzogs Ulrich, der von ihm eingeführten Verschlechterung der Maße und Gewichte, sowie neu aufgelegten Steuern. Die „armen Kunze" setzten dem Herzog gewaltig zu. Aber der Herzog blieb obenauf. Am 2. August 1514 legten 3400 Bauern vor der Stadt Schorndorf ihre Waffen nieder. Kaum war dies geschehen, ließ der Herzog über 1600 Bauern festnehmen, 46 binden, drei sofort und einige nachher enthaupten. Dann zog der Herzog im Land herum und tat also mit den Leuten vom „armen Konrad" . . . „einem hieb er das Haupt ab, den anderen brannte er durch die Backen, der dritte mußte sonst singen was er wollte, und gebrauchte er einen solch unchristlichen Übermut mit seinen armen Leuten, daß es nit zu beschreiben ist".[5]

Schon im Jahre 1513 hatten sich die Bauern im südlichen Österreich, im windisch-Deutschen Winkel Steiermarks und in Krain, erhoben, nachdem ihnen zehn Jahre zuvor, nach einem Erhebungsversuch, das „Gebiß angelegt" worden war. Auch 1513 gelang es noch den Aufstand niederzuhalten. Als aber im nächsten Jahr eine neue Landsteuer ausgeschrieben wurde, brach der Aufstand wieder allenthalben los.

---

[5] Heinrich Hugs „Villinger Chronik".

Die Deutschen der Gottschee machten den Anfang. Sie begehrten die „alte Gerechtigkeit" — windisch „stara prauda" — und diese Forderung wurde der Schlachtruf des rasch gebildeten „windischen Bundes", der sich bis tief nach Kärnten erstreckte. Bevor es jedoch noch zur richtigen Sammlung der Bauern kam, wurden einige ihrer Anführer ergriffen und hingerichtet. Daraufhin erhob sich das ganze Land. In kurzem standen mehr als 60 000 Bauern unter den Waffen. Das versammelte Bauernheer schickte eine Abordnung an den Kaiser Maximilian, der sich damals in Augsburg aufhielt, und ließ ihm durch diese sagen, daß die Leute „schier bis aufs Bein genagt wären". Der Kaiser gab der Abordnung eine gute Antwort, worauf das Bauernheer auseinanderging. Aber die Amtsleute und Herren kümmerten sich nicht um die Weisung des Kaisers, sondern sie mißhandelten die Bauern ärger als zuvor. Da erfaßte die Bauern die Wut der Verzweiflung und sie übten blutige Rache, besonders in Krain, wo die meisten Schlösser und Klöster dem Boden gleichgemacht wurden. Keine Burg war zu fest, kein Wall zu stark um den Bauern zu widerstehen. Sie ermordeten alle Herren, deren sie habhaft werden konnten. Untätig schaute Kaiser Maximilian eine gute Weile lang dem Gang der Dinge zu. Erst 1516 ließ er Kriegsknechte anwerben, die vom Landeshauptmann von Steiermark, Sigmund von Dietrichstein, gegen die Bauern in Krain geführt wurden, nachdem der Aufstand in Kärnten und in Steiermark bereits gedämpft worden war. Die Bauern belagerten gerade das Schloß Rain. Dietrichstein überfiel sie mit einem kleinen Häuflein „frumber, verlorener, schier nackender Lanzknechte" und schlug sie derart vernichtend, daß der große Haufe, nachdem er von den Spießen der Lanzknechte arg gelichtet worden war, verstäubte wie die Spreu im Winde. Die Bauern, die am Leben blieben, wurden unter ein furchtbares Strafgericht gestellt. Alle „die man im Lande antraf, die henkte man dutzendweise, wie die Vögel an die Bäume, verbrannte und brandschatzte sie zum Teil und ging gottsjämmerlich mit ihnen um".[6] In Graz wurden zehn Hauptleute, fünfzehn „Rädelsführer" und hundertsechsunddreißig Bauern mit dem Schwert hingerichtet. Aber nicht eine einzige Beschwerde oder Ursache des Aufstandes wurde abgestellt.

## Für ein neues „Teutschland"!

Bisher hatten alle Bauernerhebungen ihren Urgrund im Willen nach Abschüttelung der ärgsten leiblichen Lasten, nach Wiederherstellung der Rechte an Wald und Weide und im Haß gegen die weltliche Raffgier und die grenzenlose Herrschsucht der höheren Geistlichkeit. Eine religiöse Erneuerung wurde, wenigstens auf Deutschem Boden, nirgends obenan gestellt. Dies wurde mit einem Schlage anders, als Martin Luther auftrat. Mit einer Begierde sondergleichen nahmen die Bauern die Worte von der „Freiheit eines Christenmenschen" in sich auf und legten sich die Worte der Schrift nach ihrem Sinne aus. Ein vorher nie gekanntes Regen ging durch die Massen des Volkes. Aber nicht die Bauernschaft war es, die zuerst den geistigen Umschwung erfaßte und sich nutzbar machen wollte, sondern auch die Ritterschaft. Weitblickenden Männern aus dem Ritterstande, voran Franz von Sickingen und Ulrich von Hutten, ward es bewußt, daß die nimmersatten Machtgelüste der geistlichen und

---

[6] Sebastian Frank „Chronica der Deutschen" (1538).

weltlichen Fürsten auch vor den Rechten des Ritterstandes nicht Halt machen würden und es hoch an der Zeit sei, den übermächtig gewordenen Einfluß Roms auf Deutschen Boden auszuschalten oder doch einzudämmen. Ulrich von Hutten, der mit Fug und Recht der erste Herold des neuen Deutschland genannt werden kann, faßte den kühnen Plan, die Ritter, Bürger und Bauern aufzurufen gegen die Fürsten und Pfaffen, auf daß, unter der Herrschaft des Kaisers, ein „neues Teutschland" erstände. Aber der neue Kaiser Karl der Fünfte, mehr Spanier als Deutscher, hatte keinen Sinn für Huttens großen Plan. Also versuchte es Hutten ohne den Kaiser. Aber dazu hatten die Ritter zu wenig Kraft, die Bürger zu wenig Gemeinsinn. Und die Bauern waren mit zu viel Mißtrauen erfüllt, sofern sie überhaupt von Huttens Plänen erfuhren. Franz von Sickingen wagte den Kampf, der als ein allgemeines Signal zu einer Erhebung gedacht war. Er ging vorerst gegen den Erzbischof von Trier los. Es war ihm kein Erfolg beschieden. Der tapfere Mann starb am 23. April 1523 im Gewölbe seiner Burg Landstuhl an der erhaltenen Todeswunde und Ulrich von Hutten mußte in die Schweiz flüchten, wo er sich schon am 29. August des gleichen Jahres auf der Insel Ufnau zur letzten Ruhe legte. Beide Männer starben um einige Jahre zu früh! Sie allein hätten vermocht, das Rad der Begebenheiten und Auswirkungen des nachfolgenden Bauernkrieges zum Wohle Deutschlands und des Deutschen Volkes zu wenden. Wenngleich nicht anzunehmen ist, daß die Schriften Ulrich von Huttens in der Bauernschaft so sehr verbreitet waren, daß sie vermocht hätten die breiten Massen der Bauern aufzurütteln, so wirkten sie doch gleich Funken auf den Zunder und der war gedörrt durch den Haß der Masse. Unvergessen bleibt Ulrich von Huttens Wort:

„Ich selbst werde frei bleiben, weil ich den Tod nicht fürchte. Auch wird man nie von Hutten hören, daß er einen fremden König, wie groß und mächtig er auch sei, geschweige denn dem untätigen Papste dienstbar geworden — denn sterben kann ich, aber Knecht sein, kann ich nicht. Aber der Tag wird kommen, denke ich, an dem ich — der Deutschen Treu und Glauben anrufen, und vielleicht eben da, wo die größte Versammlung ist, ausrufen werde: Ist keiner da, der um allgemeiner Freiheit willen mit Hutten zu sterben wagt?"

Zwei Jahre nachher stand halb Deutschland auf dem Plan. Es ging um des Vaterlandes Freiheit. Aber auf den Ruf Huttens horchte nur mehr der „arme Mann". Der warf den Brand!

### Die „Zwölf Artikel"

In den Jahren von 1520 bis 1524 war Not und Elend bei den Bauern in Schwaben, Bayern und Österreich unerträglich geworden. Hungersnöte brachen aus in Stadt und Land und es ging im Volk die Rede um: „Wer 1523 nicht stirbt, 1524 im Wasser nicht verdirbt und 1525 nicht wird erschlagen, der mag wohl von Wundern sagen." Heftige Erregung durchzitterte die Bauernschaft ganz Süddeutschlands und Österreichs. Flinke Boten und böse Reden flogen von Ort zu Ort, von Gau zu Gau, von Land zu Land. Der alte Joß Fritz, seit 1513 heimatlos, tauchte wieder auf und ließ sich vernehmen, er könne oder möge nicht sterben bevor nicht der Bundschuh Erfolg gehabt. Eine Welle von Flugschriften ging über ganz Süddeutschland. Prediger der neuen Lehre warfen immer neue Funken in den aufgehäuften Zündstoff und langsam und bedrohlich formten sich die Bauernmassen. Und am 10. März 1525 traten in Memmingen die Abgesandten der Bauern des Allgäu, des Breisgau und des

Schwarzwaldes zusammen. Sie beschlossen die „zwölf Artikel". Diese hatten zum Inhalt die Forderungen:

1. Freie Wahl der Pfarrer und das Recht sie abzusetzen. Der Pfarrer soll das Evangelium lauter und klar, ohne menschlichen Zusatz, predigen.

2. Der große Zehent aus dem Getreide wird wohl geleistet aber wird nicht mehr vom Pfarrer, sondern von den Kirchenpröbsten, die von der Gemeinde gewählt werden, verwaltet. Der Pfarrer erhält davon seinen angemessenen Teil zum Unterhalt, das übrige wird an Bedürftige verteilt. Wenn ein Überschuß bleibt, wird er für Kriegszeiten aufbehalten. Der kleine Zehent — vom Vieh — wird abgeschafft.

3. Entlassung aller Bauern aus der Leibeigenschaft, denn aus der Schrift ergibt sich, daß „wir frei sind und darum wollen wir es auch sein". Hingegen wollen die Bauern den Geboten gemäß leben und der erwählten und von Gott gesetzten Obrigkeit in allen gebührenden und geistlichen Sachen gehorsam sein.

4. Der arme Mann soll wieder Gewalt haben über Wildpret, Geflügel und die Fische, die im fließenden Wasser sind. Wer nicht genugsam beweisen kann, daß er sein Fischwasser gekauft hat, soll es der Gemeinde zurückgeben.

5. Alle Waldungen, welche Geistliche und Weltliche nicht erkauft sondern sich willkürlich angeeignet haben, sollen wieder der Gemeinde zurückfallen. Jedem Mann in der Gemeinde soll es freistehen sich Holz zum Zimmern und Brennen aus dem Wald zu nehmen, jedoch nur mit Wissen derer, die von der Gemeinde zur Aufsicht erwählt werden.

6. Die Dienste sollen nicht mehr zunehmen, sondern nur nach gebührendem Einsehen und wie die Eltern sie getan, geleistet werden.

7. Der Bauer soll sein Gut so besitzen wie er es mit der Herrschaft vereinbart hat und soll die Herrschaft ihn darüber hinaus weder bedrängen noch beschweren. Die vereinbarten Dienste sollen geleistet werden zu einer Stunde und Zeit, da es dem Bauer nicht zum Nachteil gereicht und um angemessenen Lohn.

8. Die Pachtgüter der Bauern sollen durch ehrbare Leute geschätzt werden und soll der Pachtzins nach dieser Schätzung festgesetzt werden „damit der Bauer seine Arbeit nicht umsonst tue, denn ein jeglicher Tagwerker ist seines Lohnes wert".

9. Es sollen keine neuen Strafsätze mehr gemacht werden und sollen die Strafen sich richten nach der Beschaffenheit der Strafsache, nicht aber nach Mißgunst oder Gunst.

10. Wiesen und Äcker, die vormals der Gemeinde gehörten, sollen wieder an die Gemeinde zurückgegeben werden.

11. Der Todfall — auch Besthaupt genannt — soll ganz und gar abgetan sein.

12. Wenn einer oder mehrere der aufgestellten Artikel dem Wort Gottes nicht gemäß wären, wollen die Bauern davon absehen, wenn man ihnen dies beweisen würde. Aber sie behalten sich vor, falls sie in der Schrift mehr Stellen fänden, die wider eine Beschwernis des Nächsten wären, weitere Artikel aufzustellen.

Noch nie hat eine Forderungschrift im Deutschen Volk eine so tiefgehende Wirkung geübt wie die „zwölf Artikel", die sich mit Windesschnelle in ganz Deutschland verbreiteten. Die Bauern fanden darin den klar gefaßten Ausdruck ihres Willens und Wollens. Die „zwölf Artikel" griffen in ihren wirtschaftlichen Punkten zurück auf das Deutsche Bodenrecht und sie wirkten so stark, daß sich Hunderttausende bereit fanden, für die Verwirklichung der Forderungen Leib und Leben zu wagen. Darum müssen die „zwölf Artikel" zu den bedeutendsten Schriftstücken der Deutschen Geschichte gezählt werden.

Wie sehr diese Bauernforderungen die völkerversklavenden Ziele der überstaatlichen Mächte Rom-Juda gefährdeten beweist folgendes: Die Handschrift der „zwölf Artikel" im Öhringer Archiv ist von einer „merkwürdigen" Überschrift in Geheimsprache eingeleitet: „Mcccc quadratum x et dublicatum cum transibit christiana secta peribit." Wörtlich heißt das: „Wenn das Jahr 1400 und 100 und 2mal zehn (1520) vorüber gehen wird, wird die christliche Sekte untergehen"; in der Geheimsprache aber bedeutet das: „Wenn der höchste Meister mit vier Zirkeln über die Welt seinen Plan vollendet haben wird, wird die christliche Sekte untergegangen sein." Den Geheimorden war es tatsächlich gelungen, die für 1520 geplante Volkserhebung zu verhindern und auf das nach ihrem Aberglauben ebenso günstige Jahr 1525 zu verschieben. Der Hochgradbruder Melanchthon hatte es zu hindern gewußt, daß Luther mit Hutten und Franz von Sickingen zusammenkam[7]); wie er auch später gegen Thomas Münzer hetzte und mithalf, Luther zum Bauerngegner zu machen[8]). Die den überstaatlichen gefährlichsten Führer der deutschen Revolution: Hutten und Sickingen, waren tot, Luther umstellt und bereits abgelenkt. Mit Astrologie (astrologische Bauernkalender), mit Prophetien wurden die Bauern eingefangen und verdummt; sie merkten nicht, daß die Geheimorden, ihre Not benützend, ja verschärfend, sie aufhetzten, zu Ausschreitungen aufstachelten und sie schließlich im Stiche ließen. Überall saßen die Geheimbrüder, Rom und Juda verbunden, und schürten den Brand, in dem sich die Deutschen gegenseitig zerfleischen und vernichten sollten.

## Der große Brand

Schon um Pfingsten 1524 hatten sich die besonders geplagten Bauern der Grafschaft S t ü h l i n g e n im Klettgau zusammengetan und vierzehn Tage lang das Schloß L u p f e n belagert. Es kam zu einem Vergleich mit ihrem Herrn, dem Grafen von Lupfen. Im Herbst des gleichen Jahres rotteten sich die Bauern des Hegaues, auch die des Klettgaues zusammen und im November bedrängten die Schwarzwaldbauern die Vogtei H o h e n b u r g. In der ersten Februarhälfte des Jahres 1525 begannen sich die Bauern des Allgäues zu rühren. Anfangs März beschlossen die Bauern um den Bodensee, vom Allgäu, vom Breisgau und vom Schwarzwald, die Bildung einer „christlichen Vereinigung" und erstellten die „zwölf Artikel". In der zweiten Hälfte des März erhoben sich, der Reihe nach, die Bauern um R o t h e n b u r g, die Bauern des K l e t t g a u e s, die des O d e n w a l d e s, die des N e c k a r t a l e s, die des T a u b e r t a l e s und die Bauern in T h ü r i n g e n. In den ersten Tagen des April begann der Aufstand im E l s a ß, gegen Ende April zeigten sich die ersten Zeichen der Erhebung in Ö s t e r r e i c h. Endlich im Mai brannte es allenthalben lichterloh. Der so lange zurückgehaltene Haß ganzer Geschlechter kam zum Ausbruch und tobte sich aus. Besonders wurde in den Schlössern, Klöstern und Stiften, von denen, wie es im Artikelbrief der Schwarzwaldbauern heißt „aller Verrat, Bedrängnis und Verderben erfolgt und erwachsen ist".

Wochenlang raste der Brand, schwelte der Rauch. Was die Voreltern in harter Fron aneinanderfügen mußten und in vielen Jahren oft unter grausamem Zwang gebaut hatten, das stürzten die wütenden Nachfahren in einer Nacht. Oft ließen sie nicht einmal Stein auf Stein. Sie krallten den Mörtel aus den Fugen, der mit dem Schweiß ihrer Vorväter gemenget war. Aber sie griffen nur selten nach Leib und Leben ihrer Bedrücker, sondern gingen glimpflich mit ihnen um. Allerdings hebt sich blutigrot heraus aus dem Geschehen die böse Tat von W e i n s b e r g, wo ein besonders erbitterter Haufe der Bauern den habsburgischen Obervogt, Graf Ludwig H e l f e n s t e i n, mit dreizehn Adeligen durch die Spieße jagten. Aber auch diese Tat erscheint in einem milderen Lichte, wenn man weiß, daß Graf Helfenstein einige Tag

---

7) Siehe „Am Heiligen Quell Deutscher Kraft", Folge 19/5. Jg., S. 742 u. f.
8) Siehe „Der ungesühnte Frevel" über Melanchthons Verrat.

zuvor, während er mit den Bauern verhandeln ließ, diese überfiel, wobei etliche Bauern verwundet und erstochen wurden. Auch ließ er es geschehen, daß eine vor dem Sturm gegen Weinsberg abgeschickte Bauernabordnung von der Mauer weg beschossen wurde, wobei ein Abgesandter eine schwere Verwundung erlitt. Dies alles muß bei der Beurteilung der Tat von Weinsberg bedacht werden.

Ganz Süd- und Mitteldeutschland litt unter dem auflodernden Bauernzorn und die Wucht der Erhebung ließ die bisherigen Träger der Macht erstarren. Bischöfe und Äbte schürzten die Kutten in eiliger Flucht, der eine oder andere floh sogar in fremdes Land um dort Hilfe zu erbitten wider das eigene Blut. Die Fürsten umgaben sich mit einem Wall von geworbenen Knechten. Viele kleinere Herren trieb die Angst um ihren Besitz ins Lager der Bauern. Die Grafen von Hohenlohe hoben die Schwurhand für die „zwölf Artikel", desgleichen der Koadjutor des Stiftes Fulda, Graf Henneberg. Der Bischof von Straßburg, zugleich Verwalter des Erzstiftes Mainz, ward von den Bauern zu Vertrag und Anschluß gezwungen. Der Bauernschinder von Schorndorf, Herzog Ulrich von Württemberg, machte sich mit schönen Worten an die einstmals so verachteten „armen Kunze". Den Bauern ernstlich entgegengestellt haben sich, in der ersten Zeit, nur ein paar herzhafte Ritter, die sich lieber totschlagen als zum Haufen zwingen ließen. Die anderen flohen oder schwuren und warteten ab. Sie hörten nicht den Ruf der Zeit, erkannten nicht das Gebot der Stunde. Nur einer warf den Rittermantel weg und ward den Bauern Führer: Florian Geyer. Er allein zog die Folgerung aus der schon von Sickingen und Hutten vertretenen Erkenntnis, daß der Deutschen Freiheit und des Reiches Einheit nur mit, aber nie gegen den Deutschen Bauer erkämpft werden konnte.

Der Deutsche Bauer stand in seinem schwersten Kampf allein. Auch Martin Luther, für dessen Lehre er ja gleichzeitig kämpfte, stellte sich gegen ihn. Luther war und blieb Theologe und der Rosenkreuzer Melanchthon tat alles, um ihn in der theologischen Denkweise zu bestärken [9]). Er entfremdete sich dem Volke, dessen Nöte er einstmals tief gefühlt hatte. Die ganze Herzlosigkeit eines Theologieprofessors drückt sich in seinen Worten aus: „Der gemeine Mann muß mit Bürden beladen sein, sonst wird er zu mutwillig."

Der fürstliche Schutz brachte ihn so weit in Abhängigkeit, daß er predigte:

„Daß 2 und 5 gleich 7 sind, das kannst du fassen mit der Vernunft, wenn aber die Obrigkeit sagt: 2 und 5 sind 8 so mußt du's glauben wider dein Wissen und Fühlen."

Bei solchem Gepredige überrascht denn auch nicht, wenn er in der brutalsten Weise gegen die Bauern losfuhr:

„Man soll sie zerschmeißen, würgen und stechen, heimlich und öffentlich, wer da kann, wie tolle Hunde — Löset hie, rettet hie, steche, schlage, würge die Bauern, wer da kann."

Jene Männer, die den Bauern hätten Führer sein sollen, ja in des Volkes Not ihm hätten Führer sein müssen, versagten kläglich. Und so standen denn die Bauern allein da, wohl mit zerrissenen Ketten, aber nicht wissend was sie anfangen sollten mit der über Nacht gekommenen Freiheit. Die paar Männer aber, die das Gebot der

---

[9]) Wie die Querverbindungen der überstaatlichen Mächte Rom und Juda über die Rosenkreuzer zur Abbiegung des Deutschen Freiheitkampfes wirkten, ist in dem Werke „Der ungesühnte Frevel" von Dr. Mathilde Ludendorff nachzulesen. Außerdem siehe auch „Am Heiligen Quell Deutscher Kraft", Folge 19/5. Jg., S. 742 u. f.

Stunde erfaßten, blieben ungehört. Ihr Wort drang nicht durch die Mauern der Städte und der Burgen und ward im Bauernlager oft genug übertönt von Unvernunft und Haßgeschrei. Also raste der Brand ungezügelt durch die Lande, zerstörte gegen tausend Klöster und Schlösser, schuf aber nicht den freien Raum auf dem sich der neue Glaube, die neue Ordnung, das neue Reich hätte aufbauen können.

Mit Recht und kluger Voraussicht hatte Hutten bereits 1518 geschrieben:

„In der Tat, wenn es einen gibt, der die Deutsche Freiheit so vernichtet wünscht, daß wir gegen kein Unrecht, keine Schmach mehr Einrede tun dürfen, so möge zusehen, daß jene so geknebelte und fast erwürgte Freiheit einmal, zur Unterdrücker größtem Schaden, plötzlich ausbreche und sich wieder herstelle. Viel klüger wäre es, verständig angesehen, wie viel geratener selbst vom Standpunkt unserer Unterdrücker aus, ihr immer noch etwas Atem zu lassen und sie nicht gar zu eng zusammenzupressen, als es dahin zu treiben, daß sie im Gefühl der drohenden Erstickung sich gewaltsam durch einen zerstörenden Ausbruch Luft machen muß. Denn einfangen und leicht binden läßt sie sich wohl, zumal wenn es einer geschickt und schlau anzugreifen weiß; umbringen und abschlachten aber läßt sie sich nicht, und sie ganz zu vernichten, ist unmöglich. Darum möge man uns freiwillig etwas Freiheit geben, damit wir uns nicht mit Gewalt alles nehmen."

## Gottesstaat und Reichsreform

Drei Männer waren es, die sich bemühten, über die „zwölf Artikel" hinaus zu gehen und die Bauernerhebung auf weitere Ziele einzustellen. Es waren dies der ehemalige hohenlohische Kanzler Wendelin Hippler, der churmainzische Rentamtsmeister Friedrich Weigand und der thüringische Pfarrer und Prediger Thomas Münzer. Während es dem Letzteren gelang, die unter seinem Einfluß stehenden Bauern Thüringens mit seinen Ideen zu erfüllen, konnten die beiden anderen Männer mit ihren Plänen nur einen ganz kleinen Kreis erfassen. Sie eilten ihrer Zeit zu weit voraus und verlangten von den Bauern zu viel auf einmal, sowohl an Erkenntnis, als auch an Tatkraft. Zudem traten sie mit ihren Plänen erst hervor, als die Bauernsache sich schon dem Niedergange zuneigte.

Thomas Münzer wollte einen „Gottesstaat" aufrichten auf Deutschem Boden, einen Staat, in dem „alle Dinge gemein seien und jedem nach Notdurft zugeteilt werden solle". Thomas Münzer, der in der Bibel und den Evangelien wohl bewandert war, legte die Worte der Schrift im Sinne der Armen aus. Er bezeichnete Martin Luther als das „geistlose, sanftlebende Fleisch von Wittenberg" und machte ihm den Vorwurf, er hätte zu viel von der römischen Papisterei übrig gelassen. Auch erblickte er, im Gegensatz zu Luther, das Heil nicht im Festhalten am starren Bibelwort, sondern im Handeln nach der Offenbarung des Herzens. „Gott", sagte er, „ist nicht außer uns, sondern in uns. Er offenbart sich noch wie vor viertausend Jahren; ja es gibt keine andere Offenbarung, als die innere. Es gibt keinen anderen Teufel, als den religiösen und politischen Despotismus . . . Jeder Mensch, und sei er auch ein Heide, kann den Glauben besitzen . . . Es gibt keine Hölle. Die Sünde ist alles, was der Liebe und Vernunft zuwider ist. Christus ist nicht Gott selbst, sondern einer seiner offenbarenden Propheten. Er ist wie ein anderer Mensch empfangen worden." [10] Ihm war es bewußt, daß nimmer lang geflickt, sondern daß geschnitten werden müsse, wollte man eine dauernde Änderung der unleidlich gewordenen religiösen, kirchlichen und sozialen Verhältnisse erreichen. Also lehrte er, die Welt müsse erneuert und die „Tyrannen", die sich dieser Erneuerung widersetzten, müßten mit dem Schwert vertilg-

---

[10] „Münzer als Prediger in Allstedt" aus „Bauernkrieg" von Weill, Darmstadt 1847.

werden, auf daß dann das „tausendjährige Reich Gottes" erstehen könne. Seine Lehren und Vorstellungen übten die tiefste Wirkung aus unter den Bauern und kleinen Bürgern.

Ganz anders geartet waren die Pläne Wendelin Hipplers und Friedrich Weigands. Diese beiden Männer erstrebten die Schaffung einer neuen Reichsverfassung. Friedrich Weigand arbeitete den Entwurf aus, Wendelin Hippler bemühte sich, wenigstens die Bauern vom Odenwald und von Franken dafür zu gewinnen. Der Entwurf Weigands, bekannt als „Heilbronner Reichsreform", verlangte die Reformierung aller Geistlichen, sowie aller „großen Hansen", also der Fürsten, Bischöfe, Grafen, Äbte, Herren usw., ebenso aller Städte, Kommunen und Gemeinden. Dann sollten alle geistlichen und weltlichen „Doktores" aus dem Rat der Fürsten entfernt und bei keinem Gericht zugelassen werden, denn es werden „viele Personen durch ihre Vorwände zugrunde gerichtet". Dafür sollten „Doktoren des kaiserlichen Rechtes" ausgebildet, bestellt und aus öffentlichen Mitteln erhalten werden. Auch sollte kein Geweihter in irgend einem Rat eines Fürsten oder einer Gemeinde sitzen, denn „sie werden durch der Welt Weisheit und Wandel verfinstert im Wesen Gottes, auch träg und versäumen den Dienst Gottes". Überhaupt sollte kein Geweihter in ein weltliches Amt eingesetzt oder für ein solches verwendet werden, zumal sich auch die Geweihten in ihren Angelegenheiten von Weltlichen nichts dreinreden lassen. Das bisher geübte Recht sollte abgeschafft sein, dafür aber das göttliche und natürliche Recht aufgerichtet werden. Zur Pflege der Gerechtigkeit sollten im Reichskammergericht zwei Fürsten, zwei Grafen oder Herren, zwei Ritter, sechs Vertreter der Städte und vier Vertreter der Gemeinden sitzen. Jeder von diesen muß mindestens zehn Jahre zu Gericht gesessen und Richter gewesen sein. Ähnlich sollen auch die vier Hofgerichte, die sechzehn Landgerichte und die übrigen Gerichte zusammengesetzt sein. Alle Zölle, Auflagen usw. innerhalb des Reiches sollten abgeschafft werden, weil sie den Handel behindern und die Ware für den gemeinen Mann verteuern. Alle Straßen und Wege müßten frei und ungesperrt gehalten werden, alle Steuern abgeschafft, mit Ausnahme einer, die dem Kaiser zukommt. Es soll im ganzen Reich nur eine Art Geld, Maß und Gewicht sein. Die großen Handelsgesellschaften der Fugger, Hofstetter, Welser usw. sollen aufgelöst werden, denn „durch sie werden, nach ihrem Belieben, arm und reich bei allen Waren belastet". Wer Handel treiben will, sollte nicht mehr als 10 000 Gulden dafür anlegen dürfen, was darüber hinausgeht, soll der Reichskammer zur Hälfte zukommen. Alle Bündnisse der Fürsten, Herren und Städte untereinander sollten abgetan sein, dafür sei „allein kaiserlicher Schutz und Friede gehalten".

Es darf nicht Wunder nehmen, wenn die meisten Bauern ob der Kühnheit solcher Pläne erschraken. Waren sie doch ihr Leben lang unwissend gehalten worden und konnten deshalb keinen Blick für's große Ganze haben. Eher konnten sie sich noch hineinfinden in die Gedanken Thomas Münzers, der jedes seiner Worte mit irgend einer Stelle aus der Schrift belegen konnte und überirdische Hilfe versprach. Wenn Wendelin Hippler gefragt wurde, wie die neue Reichsverfassung durchzusetzen sei, konnte er „nur" aufs Schwert weisen. Dies Wagen schien den Bauern zu groß. Die Ziele der meisten lagen mehr im Dorf als im Reich. Also blieben sie haften und stecken in den „zwölf Artikeln". Allerdings trugen sie die wenigste Schuld daran, denn sie waren nicht einmal fürs Dorf, sondern nur für den Dienst auf dem Acker erzogen worden.

## Die „hellen Haufen"

Der Schauplatz der großen Bauernerhebung des Jahres 1525 teilt sich in fünf voneinander ziemlich abgegrenzte Gebiete: 1. Schwaben und Schwarzwald, 2. Franken und Odenwald, 3. Thüringen, 4. Elsaß, 5. Salzburg und Österreich. Die Bauern aller dieser Gebiete waren wohl miteinander verbunden durch das gleiche Wollen nach Änderung der Zustände, nicht aber durch eine einheitliche politische Zielsetzung oder gar durch eine gemeinsame Führung. Überall standen die „hellen Haufen" in irgendeinem Lager des betreffenden Gebiets und führten zumeist Verhandlungen und Krieg auf eigene Faust. Bald zeigten sich die daraus ergebenden Mängel an allen Ecken und Enden. Auch fehlte es allerorts an der Bewaffnung. Die meisten Bauern waren mit einem Prügel, in den sie eiserne Spitzen geschlagen hatten, bewaffnet. Die den Herren abgenommenen Geschütze wußten sie nur schlecht zu gebrauchen. Die schwerfällige Art der Entschlußfassung und Befehlsgebung — wegen jeder halbwegs wichtig scheinenden Sache mußten die Ausschüsse beschließen — ließ oft die besten Gelegenheiten zu siegreichen Kämpfen versäumen. Wohl bemühten sich die meisten Bauernführer auf Zucht und Ordnung zu sehen. Die Allgäuer Bauern schufen sich eine vorbildliche „Landesordnung", die fränkischen Bauernführer eine gute „Feldordnung", die das Zutrinken, die Unmäßigkeit, das Karten- und Würfelspiel und das Halten unzüchtiger Weiber im Lager verbot. Aber desungeachtet stand es in den Bauernlagern recht schlecht mit dem, was wir unter militärischer Zucht und Disziplin verstehen. Niemandem gehorcht der Bauer — auch heute noch — unlieber als Seinesgleichen. Dies wußte Wendelin Hippler und vielleicht bemühte er sich auch deshalb so sehr, die Ritterschaft zum Anschluß an die Bauernsache zu gewinnen, damit die Bauern zu richtigen Führern kämen. Der Einzige, der wirklich seine Leute fest zusammenhielt, war Florian Geyer, und daran hätte man sehen sollen, woran es fehlte. Auch der Ritter Götz von Berlichingen, der auf Betreiben Wendelin Hipplers an die Spitze des fränkischen Bauernheeres gestellt ward, hat völlig versagt. Er war Strauchritter, aber nicht Ideenträger. Die Ritter blieben weiter fern. Wie die Bauern vom Gedanken an das Dorf nicht wegkamen, so kamen die Ritter nicht weg von der Sorge um ihr Lehen. Die Bürger in den Städten aber rechneten hin und her. Gelingt's den Bauern, dann kommen wir zur Zeit, mißglückt's, dann waren wir nicht dabei! So dachten die reichen Bürger und Patrizier, die allein in den Städten die Macht in Händen hatten. In den „hellen Haufen" aber nahm das Unheil seinen Lauf. Sie verlegten sich auf's Zerstören, weil ihnen niemand den Weg des Aufbaues wies. Wendelin Hippler allein war zu schwach dazu, auch Florian Geyer, der nur Kämpfer, aber nicht Staatsmann war. Sickingen war tot, Hutten war tot! Und nach ihnen kam keiner mehr von gleicher Kraft, gleichem Einfluß und Flug des Geistes.

Viele Bauern wurden im Lauf der Ereignisse übermütig, weil sie sahen, wie ihre einstigen Herren sich drückten oder sich demütigten, und jede neue Beute mehrte den Übermut. Andere Bauern wurden bald verzagt, weil sie erkannten, daß ihre Sache auf sich allein gestellt war. Luthers Sendschreiben wider die „räuberischen und mörderischen Rotten der Bauern" mag manch braven, hellsichtigen Bauern das Herz zusammengekrampft haben und so wurden viele irre und wendeten sich ab. Die „hellen Haufen" lichteten sich, das Unheil zog sich drohend zusammen.

Es ist natürlich, daß dort, wo der Brand beginnt, das Feuer am tiefsten frißt, obgleich es nicht gerade am ärgsten zu wüten braucht. So auch im Bauernkrieg, dessen Anfänge im südlichem Schwaben gelegen waren. Von dort fraß sich der Aufstand nord- und westwärts. Überall hatten sich große Bauernhaufen gebildet, die den Klöstern und Herren eine arge Bedrängnis und Verderbnis waren. Vorerst konnte der „Schwäbische Bund" — die zum gegenseitigen Schutz gebildete Vereinigung der schwäbischen Fürsten, Herren, Ritter und Städte — den Bauern nichts entgegenstellen, da es ihm an Geld mangelte. Das Geld wurde durch eine Anleihe, zu der auch die sich allmählich zu einer überstaatlichen Geldmacht entwickelnden Fugger beisteuerten, beschafft. Der Feldherr des „Schwäbisches Bundes", der Truchseß Georg von Waldburg, rüstete ein kleines Heer aus, mit dem er gegen die Bauern zog. Wären ihm die Bauern geschlossen entgegengetreten, hätte er, mit seinen angeworbenen und unzuverlässigen Knechten, nichts gegen sie unternehmen können. Aber die Bauern wußten ihre Kraft nicht zu gebrauchen. Jeder Haufen hatte seinen eigenen Kopf und jeder Kopf seine eigene Meinung. Der eine wollte den Zielen der Bauernbewegung durch Verhandlung, der andere mit dem Schwert näherkommen. An das große, gemeinsame Ganze dachten nur wenige, denn sie waren dazu nicht erzogen. Also konnte der Truchseß den einen Haufen durch Verhandlungen gewinnen, den anderen aber mit dem Schwert schlagen. Schon am 4. April, als anderwärts die Bauern sich erst zu sammeln begannen, kam es in Schwaben zur ersten Schlacht. Bei Leipheim stellten sich dem Truchseß etwa 4000 Bauern entgegen. Als das bündische Heer anrückte, verließen die Bauern ihre gute Stellung und zogen sich auf die Städtchen Leipheim und Günzburg, die von Bauern besetzt waren, zurück. Aber der Truchseß schnitt den Bauern den Weg ab und seine Knechte und Reiter erstachen die meisten Bauern bevor sie nach Leipheim und Günzburg gelangten. Dann nahm der Truchseß die beiden Städtchen und hielt sein erstes Gericht. Sechs Bürger und Bauern wurden mit dem Prediger Jakob Wehe gehenkt. Daraufhin sammelten sich die Bauern allerorts und zogen nach Wurzach. Der Truchseß konnte ihnen vorerst nicht folgen, weil seine Landsknechte meuterten und acht Tage still lagen. Als sie nach Bezahlung des rückständigen Soldes wieder Dienst taten, rückte der Truchseß nach Wurzach, wo etwa 4000 Bauern lagen, darunter 1500 aus dem Schwarzwald. Wurzach ergab sich dem Truchseß, die Bauern zogen ab gegen Gaisbeuren, wo bald ihrer 12 000 beisammen waren. Dem Truchseß war indessen nicht wohl, weil er wußte, daß noch 4000 Bauern aus dem Hegau und etwa 8000 Bauern aus dem Allgäu im Anmarsch waren und sich schon in nächster Nähe befanden. Also verlegte er sich aufs Verhandeln und drohte den Bauern, er würde den Flecken Weingarten einäschern lassen, falls sie nicht verhandeln wollten. Daraufhin gingen die Bauern auf die Verhandlungen ein und es ward, am 17. April, der Vertrag von Weingarten geschlossen, wodurch eigentlich der Bauernkrieg in Schwaben bereits zu ungunsten der Bauern entschieden war. Die Bauern mußten nämlich versprechen ihre Verbrüderung aufzugeben, die Abgaben und Zinsen, so wie bisher, zu leisten und ihre Beschwerden vor ein Schiedsgericht zu bringen. Außerdem mußten sie fünf Fahnen abliefern, während ihnen die Waffen und Harnische gelassen wurden. Als der Truchseß diese Vereinbarungen getroffen hatte und in sein Lager zurücktritt, fand er dieses in größter Unordnung. Um so mehr beeilte er sich die gleichen Vereinbarungen auch mit den Führern der heranziehenden Haufen zu machen, was ihm auch am nächsten Tag bei den Allgäuern gelang. Die Hegauer sahen sich allein und zogen zum größten Teil nach Württemberg. Dorthin nahm jetzt auch der Truchseß seinen Weg. Bei Böblingen und dann Sindelfingen, südwärts von Stuttgart, stellten sich, etwa 20 000 Mann stark, die vereinigten Bauern aus Württemberg, dem Schwarzwald und dem Hegau. Der Truchseß konnte vorerst keinen Angriff wagen, weil seine Landsknechte wieder wegen rückständigem Sold meuterten. Erst als sie das Geld in Händen hatten, griffen sie die Bauern an. Die Bauern wehrten sich gut, wurden aber geschlagen, da sie dem Geschützfeuer nicht Stand zu halten vermochten. Gegen achttausend Bauern wurden erschossen, erstochen und erschlagen. Die Übrigen zerstreuten sich und die Erhebung der Bauern in Schwaben war zusammengebrochen. Den schwäbischen Bauern hatte der sie alle in seinen Bann zwingende Führer gefehlt. Sie konnten nicht zum gemeinsam erstrebten Ziele kommen, weil jeder Haufe gesondert seinen Krieg führte, der doch der Krieg aller war. Also ward es dem Truchseß nicht allzu schwer gemacht, die Oberhand zu gewinnen, obwohl die schwäbischen Bauern im Gebrauch der Waffen mehr geübt waren als ihre Brüder in Franken oder gar in Thüringen. Als die schwäbischen Bauern erkannten woran es fehlte, war es zu spät. Ungehindert konnte der Truchseß gegen Weinsberg ziehen, um die Stadt für die Tat am Grafen Helfenstein und am Adel zu strafen. Schon am Tag der Schlacht bei Sindelfingen war dem Truchseß verraten worden, daß sich jener Mann, der dem Grafen Helfenstein mit einer Zinke zum letzten Gang gepfiffen hatte, in Sindelfingen befand. Der Truchseß ließ ihn fassen, mit einer zwei Meter langen Kette an einen Baum schmieden und rings um ihn her ein mächtiges Feuer anbrennen. Auf diese Weise wurde der Mann — er hieß Melchior Nonnenmacher — langsam und lebendig gebraten. Desgleichen geschah dem Bauernführer Jäcklin Rohrbach, der die Tat von Weinsberg veranlaßt hatte. Er war dem Truchseß vom Vogt der Feste Hohenasperg, der ihn gefangen hielt, übergeben worden. Zwischen Nekargartach und Fürfeld wurde Jäcklin Rohrbach bei Trommelwirbel und Trompetenschall „fein langsam lebendiglich gebraten". Tags darauf ließ der Truchseß die Stadt Weinsberg verbrennen. Die Männer von Weinsberg waren geflüchtet bis auf wenige Greise. Diesen, sowie den Weibern und Kindern, wurde eröffnet, die Stadt ohne jede Habe zu verlassen. Dann ward die Stadt an drei Stellen angezündet und was noch drinnen war, verbrannte elendiglich. Schrecken vor sich verbreitend und Schrecken hinter sich lassend zog nun der Truchseß gegen Würzburg, dessen Bischofschloß von den fränkischen Bauern belagert ward.

## Zweierlei Auslegung der Evangelien

Drei Tage nachdem die schwäbischen Bauern bei Böblingen und Sindelfingen geschlagen worden waren, entschied sich die Bauernsache auch in Thüringen, wo Thomas Münzer die treibende Kraft und die Seele des Bauernaufstandes gewesen war. Er verstand wohl die Leute zu erfassen, zu begeistern, aber er konnte sie nicht in richtige Schlachthaufen stellen. Er war Prediger, aber nicht Soldat. Thomas

Münzer stellte zwar seine Sache auf das Schwert, er selber jedoch vermochte nicht mit dem Schwerte umzugehen. In Allstedt, wo Thomas Münzer als Pfarrer gewirkt hatte, sammelte er eine starke Gemeinde um sich, aus welcher er einen Bund machte, der bald über 500 Männer umfaßte. So stark war der Zulauf zu den Predigten Thomas Münzers, daß schließlich die Herrschaften um Allstedt ihren Untertanen verboten, die Predigten Thomas Münzers zu besuchen. Aber die Leute ließen sich eher in die Gefängnisse setzen, als daß sie sich dem Verbot gefügt hätten. Im August 1524 begab sich Thomas Münzer in die freie Reichsstadt Mühlhausen, wo Heinrich Pfeiffer — auch ehemals Mönch wie Thomas Münzer — als Prediger tätig und mit ihm eines Sinnes war. Da sich beide gegen den Rat der Stadt stellten und in Mühlhausen eine Unruhe der anderen folgte, mußten sie die Stadt verlassen, aber Heinrich Pfeiffer kehrte bald zurück. Die Bürgerschaft stand ganz auf seiner Seite und es kam in Mühlhausen zu einem Kloster- und Bildersturm, bei dem zu Neujahr 1525 und am Dreikönigstag vom Volk die Altäre einiger Kirchen umgerissen wurden. Gegen Ende Februar kam auch Thomas Münzer, der inzwischen in Schwaben gepredigt hatte, wieder nach Mühlhausen und am 17. März wurde der alte, fast durchwegs aus Patriziern bestehende Rat bereits gestürzt und ein neuer Rat, ganz im Sinne Münzers und Pfeiffers, gewählt. Als Pfarrer der Marienkirche predigte Thomas Münzer den massenhaft zuströmenden Leuten aus Stadt und Land von der „Gemeinschaft aller Güter im urchristlichen Sinne". Die Stadt Mühlhausen wurde der Mittelpunkt einer von Thomas Münzers Geist getragenen Bewegung, die vom Thüringer Wald bis ins Braunschweigische, von Erfurt bis ins Hessische, reichte. Besonders viel Anhänger fand Thomas Münzer unter den Bauern des Eichsfelds. Martin Luther machte sich selbst auf, um gegen Thomas Münzer zu predigen, den er einen „Mordpropheten" hieß. Aber das sonst so gewaltig wirkende Wort Martin Luthers verhallte ungehört. Sogar in Eisleben, dem Geburtort Martin Luthers, stellten sich die „armen Leute" auf die Seite Thomas Münzers, dessen Einfluß immer stärker ward und bald weit über die Bauernschaft hinausreichte. Er wußte wohl, daß die Bauern von Thüringen in den Waffen ungeübt und nicht sonderlich kriegslüstern waren. Darum hielt sich Thomas Münzer auch an die kleinen Bürger, kaufte Pulver, ließ Geschütze gießen, nahm fremde Knechte in Sold und wendete sich an die Bergknappen im Mansfeldischen, denen er schrieb: „. . . dran, dran, dran, weil das Feuer heiß ist. Lasset das Schwert nicht kalt werden vom Blut." Am 26. April zog er mit Heinrich Pfeiffer und etwa 400 Leuten von Mühlhausen nach Langensalza und von dort ins Eichsfeld, wo viel Bauern zu ihm stießen. Nachdem alle am Wege liegenden Klöster und Schlösser geplündert waren, machte sich Thomas Münzer in den ersten Maitagen mit den Leuten seiner Leibwache auf den Weg nach Frankenhausen, wo sich etliche Tausend Bauern gesammelt hatten. Fast zur gleichen Zeit waren aber auch die Heere des Landgrafen Philipp von Hessen, des Herzogs Heinrich von Braunschweig und des Herzogs Georg von Sachsen im Anrücken gegen Frankenhausen. Dem inzwischen vereinigten Heer der Fürsten ging eine böse Botschaft voran. Es hatte sich verbreitet, daß die Fürsten in Eisenach vierundzwanzig und in Langensalza gar einundvierzig Bauern und Bürger hatten köpfen lassen. Diese Nachricht machte viele Bauern verzagt und hielt sie ab zum Frankenhausener Haufen zu stoßen.

Am 15. Mai stand das Fürstenheer dem Bauernhaufen gegenüber. Das Heer der Fürsten zählte 6000 Fußknechte, 2600 Reiter und hatte viel vortreffliches Geschütz. Die Bauern waren rund 8000 Mann stark. Die Fürsten verlangten vorerst die Auslieferung Thomas Münzers innerhalb dreier Stunden. Im Bauernlager befanden sich manche Leute, die den Bauern zuredeten, sie sollten das Begehren der Fürsten erfüllen. Thomas Münzer ließ zweien davon — einem Edelmann und einem Geistlichen — die Köpfe abhauen. Dann hielt er seine letzte große Predigt und riß die Leute erneut mit sich. Nach der Predigt stimmten die Bauern einen Choral an, den viele knieend sangen. Da feuerten auf einmal sämtliche Geschütze des Fürstenheeres in das Bauernlager und die Wirkung dieser Schüsse war entsetzlich! Die Bauern glaubten sich, nachdem die drei Stunden noch nicht vergangen waren, im Waffenstillstand, hatten sich keineswegs vorbereitet und auf diese Weise entstand im Bauernlager ein furchtbares Durcheinander. Dies nützte die Reiterei der Fürsten und brach von allen Seiten gegen die Bauern vor. In wenigen Minuten war das Lager der Bauern in den Händen der Fürsten. Jetzt begann ein Hauen und grausiges Stechen, dem die Bauern nicht Stand halten konnten. Sie flüchteten nach allen Seiten, zumeist gegen Frankenhausen, aber bereits unterwegs wurden die meisten erstochen oder erschlagen. Über fünftausend Bauern fanden vor Frankenhausen den Tod. Thomas Münzers Leibwache wehrte sich bis zum Tod des letzten Mannes. In Frankenhausen aber gingen die Fürsten sogleich „zu Gericht". Etwa dreihundert Bauern und Bürger wurden kurzerhand mit dem Schwert hingerichtet, ohne Untersuchung, ohne Urteil. Dann wurde Frankenhausen den Soldknechten zur Plünderung preisgegeben.

Thomas Münzer war von einem flüchtenden Haufen mitgerissen worden bis nach Frankenhausen. Dort fand ihn ein Knecht des lüneburgischen Ritters von Ebbe in einer Dachkammer fiebernd liegen. Thomas Münzer wurde vor die Fürsten gebracht, die ihm gleich die Daumschrauben anlegen ließen. Er wurde um die anderen Häupter des Aufstandes befragt, aber er verriet nichts. Als Thomas Münzer im Schmerz laut aufschrie, meinte der Herzog Georg von Sachsen, er solle doch auch an die vielen Leute denken, die um seinetwillen hätten sterben müssen. Da reckte sich der Gepeinigte und rief: „Sie haben es nicht anders haben wollen!" Nach der Folterung wurde Thomas Münzer nach Heldrungen gebracht und dort abermals auf die Folter gelegt. Offen bekannte er, die Empörung gemacht zu haben, damit „die Christen gleichgemacht" und die Herren und Fürsten, die sich dem widersetzten, „vertrieben und totgeschlagen" werden sollten. Am 25. Mai mußte sich die Stadt Mühlhausen den Fürsten auf Gnade und Ungnade ergeben. In der Nacht zuvor schlug sich Heinrich Pfeiffer mit vierhundert Männern aus der Stadt und wollte südwärts zu den Bauern in Franken ziehen. Nachgeschickte Reiterei holte ihn bei Eisenach ein, nahm ihn nach tapferster Gegenwehr gefangen und brachte ihn wieder nach Mühlhausen zurück. Zwei Tage nach der Übergabe Mühlhausens wurde Heinrich Pfeiffer mit neunzig Bürgern und Bauern im Lager vor der Stadt geköpft. Heinrich Pfeiffer war bis zum letzten Augenblick stark geblieben und noch unter dem Schwert des Henkers schaute er voll Trotz und Stolz den Fürsten in die Augen. Am Nachmittag des 27. Mai ward Thomas Münzer, an einen Karren geschmiedet, ins Lager der Fürsten gebracht, um enthauptet zu werden. Die Fürsten redeten ihm zu, er solle zurückfinden zur „alleinigen Kirche". „Laß dir leid sein, Thomas", mahnte ihn Herzog Georg, „daß du

deinen Orden verlassen haßt und die Kappen ausgezogen und ein Weib genommen".
Ein anderer, der junge Landgraf redete ihm zu: „Münzer, laß dir das nicht leid sein,
sondern laß dir das leid sein, daß du die aufrührerischen Leute gemacht haßt, und traue
dennoch Gott; er ist gnädig und barmherzig, er hat seinen Sohn für dich in den Tod
gegeben." Thomas Münzer aber hielt ihnen, laut und weit vernehmlich, eine Rede,
in der er sie ermahnte, sie sollten mit ihren armen Leuten nicht mehr so hart sein, dann
wäre jede Gefahr des Aufruhrs beseitigt. Weder die furchtbaren Qualen der Marter
und grausamen Folter noch der Anblick des Todes hatten die Kraft dieses Geistes zu
lähmen oder zu brechen vermocht. Furchtlos bot er seinen Nacken dem Streiche des
Henkers dar. Alle erwarteten, daß Münzer, wie es Brauch der „armen Sünder"
war, das „Credo" beten würde. Aber Münzer tat nichts, schwieg und wartete des töd-
lichen Streiches. Da sprach der Herzog Heinrich von Braunschweig dem Thomas
Münzer das katholische Glaubensbekenntnis ins Ohr. Münzer rührte sich nicht. Er
starb als ungebrochener Held. Hinterher wurde gelogen, Münzer hätte sich in seiner
letzten Stunde „bekehrt". Zu diesen Verleumdern gehörte auch der Rosenkreuzer Hochgradbruder Melanchthon. Münzers ganzes Leben und sein letzter Brief spricht jedoch
laut dagegen. Die Leiche des Helden wurde gespießt, der Kopf am Schadeberg auf
einen Pfahl gesteckt. Am Hohlen Weg zu Bollstedt war Pfeiffers Kopf aufgesteckt.

Mit Münzer fiel auch die Bauernerhebung in Thüringen. Sie war erstickt worden
in einem Meer von Blut und Tränen. Jene Auslegung der Evangelien, die im Sinne
der Mächtigen und Reichen gelegen war, hatte gesiegt.

## Niedertracht und Heldentum

Am Tage nach der Schlacht bei Frankenhausen ward im Elsaß die erste Schlacht
geschlagen. Auch die Bauern dieses blühenden und deshalb mit viel Klöstern bedachten
Landes waren aufgestanden. Zuerst im Sundgau, wo sie die reichen Klöster plünderten und aus den habsburgischen Vogteien die Zins- und Steuerbücher nahmen und
verbrannten; später erhoben sich die Bauern im Gebiet des Bistums Straßburg und taten desgleichen. Äbte, Herren und Vögte flohen. Es ist nicht bekannt,
daß es auch nur einem geistlichen oder weltlichen Herrn ans Leben gegangen wäre. Die
Bauern zogen von Ort zu Ort und lagerten sich schließlich vor Zabern, das ihnen
die Tore öffnete, während sich die Stadt Straßburg neutral verhielt. Die Bauern,
die von den tüchtigen Hauptleuten Erasmus Gerber und Wolfgang Mül-
ler geführt wurden, erließen ein Aufgebot, wonach jeder vierte Mann aus jeder
Stadt, jedem Flecken und jedem Dorf ins Lager kommen und dort acht Tage dienen
solle, worauf ihn ein anderer abzulösen hätte. Weder von den weltlichen noch von den
geistlichen Herren fanden die Bauern im Elsaß den geringsten Widerstand, aber der
Herzog Anton von Lothringen, der, obwohl Franzose, so doch Reichsfürst
war, rüstete gegen die Bauern ein Söldnerheer, das zumeist aus Franzosen, Wallonen, Italienern, Spaniern, Albanesen und Griechen bestand. Er
soll dazu von den zu ihm geflüchteten Äbten und Herren aus dem Elsaß gedrängt worden sein. Mit starker Artillerie versehen und trefflich ausgerüstet, überschritt das
etwa 30 000 Mann starke Heer des Herzogs in der zweiten Maiwoche die Grenze,
zum „Kreuzzug" gegen die Deutschen Bauern des Elsaß. Im Gefolge des Her-

zogs befanden sich dessen Brüder, der Prinz Claude de Guise, der Kardinal von Lothringen und ein päpstlicher Kommissär.

Bei Lupstein kam es am 16. Mai zur ersten Schlacht. Die Bauern hielten sich gut, obwohl sie nur notdürftig bewaffnet waren und gingen, wie auch ein französischer Bericht sagt, „wohlgemut in die Schlacht, geradewegs los auf die Armee des Herzogs"[11]. Obgleich vom Geschütz= und Musketenfeuer der Soldaten schwer mitgenommen, wehrten sich die Bauern voll Mut und Zähigkeit und trieben die Soldaten einigemale zurück, bis sie sich schließlich in das Dorf Lupstein werfen mußten, das der Prinz Claude de Guise nun an allen vier Ecken anzünden ließ. Die Bauern zogen sich in die Kirche zurück und kämpften darinnen mit „bewundernswerter Bravour"[11], bis die Decke von den überall hereinleckenden Flammen ergriffen wurde und alle auf jämmerliche Weise umkamen. Alles in allem dürften bei und in Lupstein über fünftausend Bauern getötet worden sein, zumeist im Flammenmeer des angezündeten Dorfes. Pulver, Blei und Feuer waren stärker als Spieße und Stecken der Bauern. Nach dem Schlachten bei Lupstein forderte der Herzog die bedingunglose Übergabe von Zabern, wo gegen 20 000 Bauern zusammengedrängt waren und Mangel an Lebensmitteln litten. Die eingeschlossenen Bauern gingen auf Verhandlungen ein und der Herzog verlangte die Leistung des Treueides an die Fürsten sowie die Stellung von hundert Männern als Bürgen und Geiseln. Um das Leben der in Zabern befindlichen Frauen und Kinder zu retten, sagten die Bauern zu. Am nächsten Morgen wurden sie aus der Stadt gelassen, in der sie ihre Waffen zurücklassen mußten, und zogen auf den Marterberg. Plötzlich fielen die Soldaten des Herzogs über sie her, angeblich, weil Bauerngruppen gerufen haben sollen: „Es lebe der vortreffliche Luther!" Die Lands=knechte des Herzogs hieben alle Bauern nieder, deren sie habhaft werden konnten, was ihnen umso leichter war, als die Bauern ohne Wehr und Waffen waren. Ein Teil der Bauern suchte Zabern wieder zu erreichen. Die Landsknechte drangen nach und richteten in Zabern ein Blutbad an, das nicht leicht seinesgleichen findet. Sie mordeten alles, was sie lebend antrafen und plünderten die Stadt bis auf das letzte Haus. Also wurde Zabern am 17. Mai 1525 von den Franzosen, Wallonen, Italienern, Spaniern, Albanesen und Griechen des Herzogs Anton von Lothringen „im Namen Gottes und der heiligen Kirche" völlig zerstört und nur wenige Bürger, die vom Tod losgekauft werden konnten, blieben am Leben. Die Straßen der Stadt Zabern waren überfüllt mit Leichen, ebenso wie die Häuser und die um die Stadt liegenden Felder. Achtzehntausend Bauern ließen ihr Leben und über ihre Leichen hinweg stiegen die plündernden Franzosen, Wallonen, Italiener, Spanier, Albanesen und Griechen. Frauen, die im Kindbett lagen, wurden die Köpfe abgeschnitten, Kinder wurden erstochen und auf Schwerter gespießt. Zwei Tage lang stieg Blut, Rauch und das Geschrei der geschändeten Jungfrauen und Weiber gegen den Himmel, fürchterlich und entsetzlich. Derweilen ritten die mit dem Lothringer wieder ins Land gekommenen Domherren und Pfaffen in ihren Herrschaftgebieten herum und stillten an den noch Lebenden ihre — Rache in Berufung auf Gott und die römische Kirche.

Der Herzog Anton von Lothringen zog nach drei Tagen südwärts. Bei Stotzheim stellte sich ihm ein Haufe von 8000 Bauern entgegen. Ganz allein! Umsonst war der Hilfeschrei der Bauern an die Stadt Straßburg gewesen, man möge ihnen

---

[11] Bericht des Ritters Vollcyr de Seronville (1526).

doch zu Hilfe kommen, denn „wenn das nicht geschähe, und der Tyrann überhand=
nähme, ist zu besorgen, daß der ganze Rheinstrom verdorben wird“[12]
Wolfgang Wagner führte die Bauern. Mutig gingen sie dem vielfach überlegenem
Heer des Herzogs entgegen. Spät am Nachmittag des 20. Mai kam es zur
Schlacht bei Scherweiler, die bis in die Nacht dauerte. Achttausend nur not=
dürftig bewaffnete Deutsche Bauern kämpften gegen dreißigtausend wohlgerüstete,
schlachterfahrene, siegestrunkene Landsknechte aus aller Herren Länder „damit der
Rheinstrom nicht verloren und verdorben würde“. Die Bauern kämpften stundenlang
und unverzagt, bis sie dem stärkerem Gewaffen und der Nacht weichen mußten. Vier=
tausend Bauern blieben auf der Walstatt, aber auch viele französische Herren und ein
guter Teil der Söldlinge hatten ihr Leben eingebüßt und der Herzog war so erschreckt,
daß er schnurstracks das Land verließ, obgleich er von den Regenten des
Sundgaues gebeten worden war, auch die dortigen Bauern „zu strafen“. Er hatte den
Zorn der Deutschen Bauern gefühlt! Bevor er ging, ließ er jedoch alle in seinem Ge=
wahrsam liegenden Geiseln und Gefangenen aufhenken, darunter auch den Bauern=
hauptmann Erasmus Gerber. Insgesamt waren es gegen dreihundert Bauern
und Bürger, die auf Befehl des Herzogs Anton von Lothringen, dem willfährige Ge=
schichtschreiber den Beinamen „der Gute“ gaben, an die Bäume gehenkt wurden.
Der päpstliche Kommissär verlieh dieser Scheußlichkeit durch seine Gegenwart beson=
deres Gewicht. Dann wälzte sich das Heer des Herzogs über die Grenze. Den helden=
mütigen Bauern von Scherweiler aber ist es zu danken, daß damals der „Rheinstrom
nicht verloren und verdorben ward“. Ehre ihrem Andenken! Ehre umsomehr, als sie
die letzten Bauern im Elsaß waren, die unterm Bundschuh kämpfen konnten, denn
nach ihnen breitete sich über das Elsaß die Stille des Friedhofes.

## Der Bauernkrieg in Franken

Die Blicke der in Schwaben, Thüringen und im Elsaß geschlagenen und noch am
Leben gebliebenen Bauern richteten sich nun hoffnungsvoll nach Franken, wo ein
starkes Bauernheer in und um Würzburg lag und die Bischofsfeste am Frauen=
berg belagerte. Die Bauern von Franken und dem Odenwald standen noch immer
ungebrochen. Sie hatten sich kurz nach den schwäbischen Bauern erhoben und unter
der Führung des Wirtes Jörg Metzler aus Ballenberg vereinigt. Verheerend
war die Flamme des Aufruhrs durch ganz Franken gerast. Kein Schloß hielt stand,
kein Kloster blieb geschont. Der Bischof von Würzburg floh nach Heidelberg
und fast alle Herren, Ritter und Städte, ja sogar die Bischofstädte Würzburg
und Bamberg, beschworen die „zwölf Artikel“. Mächtig und in ziemlicher Ord=
nung standen die hellen Haufen. Wendelin Hippler war ihr Gehirn, Florian
Geyer ihr stärkster Arm. Das erste Lager der Bauern des Odenwaldes, des Nekar=
tales und des Taubertales war im reichen Kloster Schöntal an der Jaxt, das sie
gebrandschatzt und in Besitz genommen hatten. Dann zogen sie gegen Weinsberg
und nahmen am Ostersonntag diese Stadt mit stürmender Hand. Florian Geyer
berannte mit seiner „schwarzen Schar“ das Schloß und nahm es ein. In einer Stunde
war Weinsberg vollständig in der Hand der Bauern. Und schon am Mittag, als der

---

12) Der Kleeburger Haufe an den Stadtrat von Straßburg am 19. Mai 1525.

größte Teil der Bauern in Weinsberg zechte, vollzog der Böblinger Haufe des Jäcklein Rohrbach, auf eigene Faust, die Blutrache von Weinsberg. 30 000 Gulden bot Graf Ludwig von Helfenstein für sein Leben, ebenso viel der Ritter Dietrich von Weiler. Der Drang nach Rache erwies sich jedoch bei den Bauern stärker als die Sucht nach Geld und die Herren und Ritter wurden durch die Spieße gejagt. Damit war der letzte Trennungstrich zwischen dem Adel und den Bauern gezogen. Auch Florian Geyer trennte sich mit seiner Schar von jenem Haufen, der an der Weinsberger Tat teilgenommen hatte. Von Weinsberg zogen die Bauern nach Heilbronn, das ihnen die Tore öffnete. Am 24. April bestellten die Bauern, über Betreiben Wendelin Hipplers, den Ritter Götz von Berlichingen auf vier Wochen zu ihrem Oberhaupt. Wendelin Hippler hatte wohl im Auge, durch diese Bestellung die Ritterschaft für die Bauernsache günstiger zu stimmen, zumal Herr Götz schon vorher den Bauern sagte, er „vermöge die Edelleute zu ihnen zu bringen". Aber er vermochte dies auch dann nicht, als über seinen und Wendelin Hipplers Antrag, die „zwölf Artikel" gemildert und in der Form der „Amorbacher Artikel" den Herren annehmbarer gemacht wurden. Die „Amorbacher Artikel" taten auf die Herren keine Wirkung, stießen dagegen viele Bauern ab und mancher von den Besten verließ das Lager. Wendelin Hippler erkannte bald, daß die Bauernsache nicht durchzuhalten sei, wenn dem militärischen Aufbau der Bauernhaufen nicht ein größeres Augenmerk zugewendet würde. Daher beantragte er, es sollten kriegserfahrene, waffengeübte Landsknechte, die sich dazu anboten, geworben werden. Auch sollten die Bauern, nicht wie bisher, nur vier Wochen, sondern den ganzen Feldzug über beim Haufen bleiben. Aber diese Anträge wurden im Ausschuß nicht angenommen, und so zogen denn die Bauern vom Odenwald und aus Franken, so wie sie waren, vor Würzburg, um das feste Schloß zu nehmen. Auch Florian Geyer kam mit seiner „schwarzen Schar" nach Würzburg, dessen Bürgerschaft zu den Bauern hielt.

Die Besatzung des Schlosses ward so hart bedrängt, daß sie, gegen Zusicherung freien Abzuges, das Schloß den Bauern übergeben wollte. Obwohl Götz von Berlichingen und Florian Geyer sich sehr dafür aussprachen, nahmen die Bauern das Angebot nicht an und forderten bedingungslose Übergabe. Nun wußte die Besatzung wessen sie sich zu versehen hatte und sie hielt sich tapfer und unverzagt. Der Bauernausschuß beschloß nun die in Rothenburg liegenden schweren Geschütze kommen zu lassen und sandte auch Florian Geyer dorthin. Bevor aber diese Geschütze ankamen, beschlossen sie, in Abwesenheit ihres besten Kriegsmannes, den Sturm zu wagen. Am Tag vor Frankenhausen, am 14. Mai, stürmten die Bauern das Schloß. Der Sturm wurde abgeschlagen, vierhundert Bauern getötet oder schwer verwundet. Zwei Tage später trafen die Geschütze und Florian Geyer ein. Doch die Besatzung des Schlosses hielt auch der nun folgenden Beschießung stand, obgleich das Schloß großen Schaden litt. Die Bürger von Würzburg nahmen vierzig Bergknappen auf, die in langwieriger Arbeit einen Stollen unter den Frauenberg trieben.

Während dieser Belagerungarbeiten rückte der Truchseß heran und mit ihm kamen der Kurfürst von der Pfalz, der Koadjutor (Stellvertreter) des Erzbischofs von Mainz und der Bischof von Trier. Das vereinigte Heer war 13 000 Mann stark, hatte viel Reiterei und war mit allem Geschütz wohl versehen. Der Bauernausschuß schickte dem Heer, von Würzburg aus, den Ritter Götz von Berlichingen mit 5000 Mann entgegen, während Florian Geyer zu Verhandlungen nach Schweinfurt entsendet wurde. Als die Bauern fast am Heere des Truchseß standen, waren die vier Wochen des Herrn Götz abgelaufen. Er sagte, er wolle mehr Leute bringen, ritt seitwärts und kam nie wieder. Seine letzte Botschaft war, die Bauern sollten sich dem Truchseß auf Gnade und Ungnade ergeben, er hätte sich dessentwillen mit dem Kanzler des „Schwäbischen Bundes" schon beredet. So standen die Bauern ohne Kopf und ohne Rat. Ein Bauernhaufe warf sich in das Städtchen Neckarsulm, verweigerte dem Truchseß die Übergabe und schlug zweimal den wütenden Sturm des Heeres zurück. Als aber am nächsten Morgen die erwartete Verstärkung ausblieb, gaben die Bürger von Neckarsulm die Bauern preis, indem sie sich mit 700 Gulden Brandschatzung und Schleifung der Mauern retteten und dem Truchseß die Tore öffneten, während ein Großteil der bäuerlichen Besatzung durchbrach und entkam. Dreizehn Bauernführer wurden geköpft und der Truchseß nahm weiter seinen Weg, neben sich den Henker, hinter sich den Brand. Alle Bauern, die unterwegs aufgefangen wurden, verfielen dem Strick oder dem Schwert des Henkers und die meisten Dörfer, die der Truchseß durchzog, gingen in Flammen auf.

Am 2. Juni stellten sich die zumeist von Würzburg gekommenen Bauern aus dem Odenwald und dem Taubertal dem Truchseß bei Königshofen und wurden von der Reiterei des Truchseß zersprengt. Etwa viertausend Bauern blieben tot auf dem Schlachtfeld, einige Hundert gewannen einen dichten Wald, in dem sie sich derart erbittert wehrten, daß sie schließlich einen ehrenvollen Abzug erreichten, während die anderen erstochen oder erschlagen wurden. Der Kurfürst selbst durchsuchte die Walstatt nach noch lebenden Bauern. Er fand gegen fünfhundert, die leicht verletzt oder unverwundet waren und ließ alle erstechen oder erschlagen. Der Weg nach Würzburg lag dem Truchseß für seinen Zug frei.

Als die Bauern vor Würzburg die Gefahr erkannten, riefen sie nach Florian Geyer. Er eilte herbei und sammelte noch am gleichen Tag 4000 der besten Männer. Mit diesen rückte er dem Truchseß, in Unkenntnis, daß die Schlacht bei Königshofen geschlagen und das Bauernheer vernichtet war, entgegen. Unvermutet stießen die Bauern bei Sulzdorf auf die Reiterei des Truchseß und hier bewährte sich Florian Geyer als Führer. Er ließ sofort die Wagenburg errichten, hinter der sich die Bauern verschanzten. Aber Holz ist ein schwacher Schutz gegen Eisen und Blei und bald klafften große Löcher in der Wagenburg. Die Reiterei des Truchseß drängte vor und die Bauern konnten sich nicht halten. Die meisten wurden niedergeritten, niedergeschlagen, niedergestochen. Nur sechzig gerieten lebend in Gefangenschaft und der Truchseß ließ alle sechzig auf einem Haufen erstechen. Einzig und allein Florian Geyers „schwarze Schar" schlug sich durch. In festgeschlossener Ordnung zog Florian Geyer mit 600 Mann gegen Dorf und Schloß Ingolstadt, alle Angriffe der Reiter und des Fußvolks abwehrend. Schritt für Schritt, mit Stich, Hieb und Stoß erkämpfte sich die tapfere „schwarze Schar" den Weg. Hinter der Dornenhecke, die um das Dorf Ingolstadt gepflanzt war, stellte sich die „schwarze Schar" und zwölfhundert Eisenreiter führte der Kurfürst gegen sie heran. Ständig kämpfend zog sich die „schwarze Schar" weiter in den Friedhof und in die Kirche von Ingolstadt zurück, wo sich 200 dieser Streiter festsetzten. Florian Geyer erreichte mühsam mit etwa 300 Mann das in eine Ruine verwandelte Schloß. Jene im Kirchhof

wehrten sich erbittert und verzweifelt gegen die immer wieder heranstürmende Übermacht. Pardon wurde nicht verlangt und nicht gegeben. Die Reihen der Bauern im
Kirchhof lichteten sich. Langsam, Schritt für Schritt kämpfend, zogen sich die Bauern
der Übermacht weichend, in die Kirche zurück und als die Bündischen die Kirche stürmten, wurden sie übel empfangen. Spieße reckten sich starrend aus den Türen entgegen,
vom Turm und aus den Fenstern blitzten Schüsse, vom Dach flogen Ziegel und
Steine. Die Soldaten warfen Feuer in die Kirche. Hellauf flackerte der Brand und
dunkel qualmte der Rauch. Aber noch aus Feuer und Qualm schossen, stachen und
hieben die Bauern, zwängten sich durch die Türen und töteten, was sie erreichten.
Kämpfend fielen alle bis auf den letzten Mann . . .

## Der letzte Kampf der „schwarzen Schar"

In der Ruine des Schlosses Ingolstadt leuchtete noch einmal der Heldenmut
auf, der die Bauern beseelte, aber infolge des Führermangels und der Unordnung nur
selten in die Erscheinung getreten war. Hier stand ein zielbewußter Führer, der nicht
nur kämpfen wollte, sondern auch kämpfen konnte. Sein Wille und sein Beispiel riß
die um ihn gescharten Bauern heraus aus der Enge der Diesseitsgedanken und führte
sie hinauf in die lichten Höhen des Heldentums. In Ingolstadt hat es sich gezeigt,
was die Bauern hätten leisten können, wenn sie vom Anfang an unter richtiger Führung gestanden wären. Der Truchseß setzte sein ganzes Heer an zum Sturm auf den
letzten Punkt des bäuerlichen Widerstandes. Alles Geschütz, das der Truchseß mit
sich führte, warf Stein und Blei gegen Schloß Ingolstadt. Die Kugeln schlugen ein
sechs Meter breites Loch ins alte Mauerwerk und die Fußknechte des Truchseß
stürmten von allen Seiten. Über den Graben hinweg kletterten sie empor auf die
Wälle. Ein paar Tausend gegen ein paar Hundert! Aber sie wurden zurückgeschlagen
und mußten über hundert Tote zurücklassen. Nochmals warfen alle Geschütze ihre
Ladungen gegen die Mauern. Die Breschen verbreiterten sich, die Fußknechte stürmten wieder. Aber die Bauern füllten die Löcher mit ihren Leibern und wieder mußte
der Truchseß zum Rückzug blasen lassen. Nun ward alles Geschütz ganz nahe an
das Schloß gebracht und und wieder fielen große Stücke der Mauer, wieder stürmten die Landsknechte vor. Diesmal gelang es ihnen, ins Schloß zu kommen, denn die
Bauern hatten alles Pulver verschossen. Aber sie wehrten sich um jedes Mauerstück,
um jeden Winkel. Leib an Leib, Mann gegen Mann, Schritt für Schritt, ging
der Kampf, bis es Nacht wurde und Florian Geyers „schwarze Schar" um fast um die
Hälfte zusammengeschrumpft war. Ein Haufe der Bauern wurde in das Gewölbe
des Schloßkellers gedrängt. Die Landsknechte warfen brennendes Stroh und gefüllte
Pulverfäßchen durch die Lucken. Gegen fünfzig Bauern erstickten im Qualm oder
wurden vom Feuer verzehrt. Nur drei entkamen in der Dunkelheit. Als keine Aus-
sicht mehr vorhanden war, sich im zerschossenen Schloß zu halten, wagte Florian
Geyer mit den noch gebliebenen zweihundert Mann einen Ausfall. Die mutige Tat
gelang, der Rest der „schwarzen Schar" brach durch und setzte sich in einem nahen
Gehölz fest, das bald mit Reisigen umstellt wurde. Die ganze Nacht hindurch kämpften die Bauern. Bald stießen sie hier, bald stießen sie dort vor, bis es Florian Geyer
glückte, mit einem Häuflein der herzhaftesten Bauern nochmals durchzubrechen und

das freie Feld zu gewinnen. Früh morgens stürmten die Landsknechte das Gehölz. Erstochen oder erschlagen wurde, was noch drinnen war. In allen Gefechten in und um Ingolstadt hatte der Truchseß nur siebzehn Gefangene machen können, im Schloß aber lagen zweihundertundsechs Tote! Und das Heer des Truchseß hatte am 4. Juni 1525, die Schlacht bei Böblingen ausgenommen, mehr Leute verloren als je bisher.

Florian Geyer ritt hinaus ins Land um Leute zu sammeln und den Kampf fortzusetzen. Aber seine Bemühungen waren vergebens! Fünf Tage später, am 9. Juni ward er hinterrücks erstochen und starb, die Hand am Schwert, unweit der Burg seiner Väter. Der ihn mordete war ein Knecht seines vermeinten Schwagers Wilhelm von Grumbach, der die Schar der Mörder führte. So beendete die kriegerischen Handlungen des Bauernkriegs auf Seiten der Bauern der Heldenkampf vor Ingolstadt und auf Seiten der Herren ein Meuchelmord. Und trotzdem ist Florian Geyer glücklich zu preisen. Er endete, so wie er lebte, als freier Mann. Kein Makel haftet auf seinem Namen und Lied und Dichtung feiert für immer sein Gedenken.

### Die Köpfe rollen. . .

Am Morgen des 8. Juni 1525 zog der Truchseß mit den Fürsten in Würzburg ein. Die Bürger wurden allesamt auf drei Plätzen versammelt und mußten mitansehen, wie die Köpfe der Anführer der Bauern und Bürger fielen. In Würzburg waren zweihundert Bauern und Bürger für den Tod bestimmt. Vierundachtzig wurden auf offenem Platz geköpft. „Oh weh" rief ein junger Bauer, als ihn der Nachrichter berührte „ich soll schon sterben und hab mich mein Leben lang kaum zweimal mit Brot gesättigt!" und ein anderer, der in der hintersten Reihe stand und des Jammers schon genug hatte, drängte sich durch den Ring und ließ sich freiwillig enthaupten. Acht Tage lang wütete das Kriegsvolk in Würzburg und Umgebung. Die erste Tat des mit dem Truchseß wieder nach Würzburg gekommenen Bischofs Konrad war, daß er den Bürgern eine Geldbuße in der für jene Zeit gewaltigen Höhe von 218.175 Gulden auferlegte. Dann erst ging er ans „Richten". Besonders eifrig zeigte sich im Vergelten der Markgraf Kasimir von Brandenburg=Ansbach, der sich zwar an der Niederwerfung des Aufstandes nicht sonderlich beteiligt hatte, aber nun mit großer Heeresmacht durch seine Lande zog. Sein Scharfrichter, Meister Augustin oder auch „Meister Auweh" geheißen, hat nicht weniger als achtzig Bauern und Bürger die Köpfe abgehauen und überdies in Kitzingen zweiundsechzig Bürgern und Bauern die Augen ausgestochen. Er hat enthauptet in Neuhof, Erlbach und Feuchtwangen je einen, in Hochstädt zwei, in Ansbach drei, in Crailsheim vier, in Leutershausen sechs, in Kitzingen neun, in Ipsheim zehn, in Neustadt an der Aisch achtzehn und in Rothenburg ob der Tauber fünfundzwanzig Bürger und Bauern. Er bekam dafür 114½ Gulden, fürs Kopfabschlagen je einen ganzen, fürs Augenausstechen und Fingerabschlagen — in Leutershausen schlug er auch sieben Männern die Finger ab — je einen halben Gulden. Ebenfalls im Beisein des Markgrafen Kasimir wurden geköpft in Schweinfurt fünf und in Bamberg zweimal zwölf Bürger und Bauern. Auch in Bamberg wurden zwei Leuten die Augen ausgestochen. Brand und Rauch stieg überdies auf, wo sich der Markgraf zeigte. Noch ärger wütete der Bischof Konrad von Würzburg. Er zog wochenlang im Land herum, heimste unterwegs alles erreichbare Geld und Silbergeschirr zusammen und ging des Abends ans Köpfen. Sein Scharfrichter hat sich gerühmt, er hätte über Befehl seines bischöflichen Herrn über fünfhundert Leute mit dem Schwert zum Tod gebracht und überdies noch „etliche gespießt". Jedenfalls hat Bischof Konrad im Verlauf seiner fürchterlichen „Visitationsreise" zweihundertsechsundfünfzig Hinrichtungen vollziehen lassen und zumeist auch selbst mit angesehen. Seine zweite Rückkehr nach Würzburg ward mit dreizehn Hinrichtungen dortselbst gefeiert. Diesem frommen Kirchenfürsten und Vertreter der „Religion der Liebe" stand sogar der Truchseß im Köpfenlassen zurück, wenngleich dessen Profoß und Henkermeister, der berüchtigte Berthold Aichelin, sich brüsten konnte, er hätte in einem Monat mehr als dreihundert Bauern und Bürger geköpft. Für solche Blutarbeit schenkte der Truchseß seinem „besonders lieben Berthold" in Ansehung der „getreuen Dienste" zwei Güter in der Nähe von Heilbronn. Von den Bauernführern aber entkamen nur wenige dem Schwert oder dem Strick. Wendelin Hipplers kühner Geist erlosch auf feuchtem Stroh im Gefängnis der Stadt Neustadt in der Pfalz und sein Leichnam wurde auf den Schindanger geworfen. Dort lag und verfaulte er, derweilen von den Türmen der Dome die Glocken läuteten und an den Altären die geistlichen Fürsten standen, die Hände hebend zum „Gloria". Schaurig hallte das Glockengetön über das verwüstete Land, in dem oft meilenweit kein Haus mehr stand. Und während das „Gloria" sich brach an den Kuppeln der Dome, widerhallte das ganze Land vom Weinen unzähliger Frauen und Kinder. Die evangelisch gesinnten Fürsten und Herren, die teilgehabt an dem furchtbaren Strafgericht über die Bauern, versenkten sich in die Bibel und suchten nach Evangelienstellen, die ihr Tun rechtfertigen sollten. Sie fanden deren genug und waren wundervoll getröstet. Sie hatten ein „gutes Gewissen", diese christlichen katholischen und evangelischen Herren und Knechte, mochte das Deutsche Volk und seine Freiheit auch blutend zugrunde gehen. Zu Wittenberg aber saß ein Mann, der vielleicht im innersten Herzen erkannte, daß er sein entscheidendes Wort für Wüteriche in die Waagschale geworfen hatte...

Während sich der Kurfürst Ludwig von der Pfalz mit dem Truchseß und den Fürsten im Fränkischen befand, kam ihm die Kunde, daß in Nassau, Leiningen und Westerburg seine Bauern sich erhoben hatten. Sofort begab sich der Kurfürst in sein Land. Die Bauern waren gegen Pfeddersheim gezogen und hatten diesen Ort, in dem 300 Landsknechte des Kurfürsten lagen, genommen und besetzt. Am 23. Juni kam der Kurfürst in die Nähe von Pfeddersheim. Er war sehr bedacht darauf, daß die Bauern nichts von seiner Ankunft erfuhren und schickte von seinem ansehnlichen Heer — er hatte 1700 Reiter, sieben Fähnlein Fußvolk und viel Geschütz — zwei kleinere Reiterabteilungen und zwei Fähnlein Fußvolk nach Pfeddersheim. Er wollte die Bauern von Pfeddersheim weg und hinaus ins freie Feld locken. Dies gelang, denn die Bauern zogen den zurückweichenden Reitern und Fußknechten nach. Als die Bauern Pfeddersheim verlassen hatten, brach der Kurfürst mit dem versteckt gehaltenen Heere vor und richtete unter ihnen ein grausiges Blutbad an. 1500 Bauern wurden zusammengehauen, der Rest flüchtete sich nach Pfeddersheim

oder ſtob auseinander. Am nächſten Tag ergab ſich Pfeddersheim nach ſtarker Be=
ſchießung auf Gnade und Ungnade und der Kurfürſt ließ die Bauern entwaffnen und
ihrer a ch t z i g ſofort enthaupten. Flüchtende Haufen wurden einfach niedergeſtochen.
Somit fand der Verſuch der Bauernerhebung in der Pfalz ein blutiges Ende. Aber
in S ch w a b e n, an der Luibas, flammte es noch einmal auf. Bald hatten die
ſchwäbiſchen Bauern erkannt, daß der „Vertrag von Weingarten" ihr Unglück ge=
weſen war, denn die Herren hatten ſich wohl eine Weile ſtill verhalten, aber dann
gleich wieder mit den alten Bedrückungen begonnen. Daher ſammelten ſich die Bauern
in einer guten Stellung nächſt dem Dorfe L u i b a s und bald waren rund zwanzig=
tauſend in drei Haufen beiſammen. Ihre Führer waren W a l t e r B a ch, K a ſ p a r
S ch n e i d e r und J ö r g S ch m i d, der bekannte „Knopf von Luibas". Mit 1500
Reitern und 6000 Fußknechten rückte der Truchſeß gegen die Bauern vor. Herr
G e o r g v o n F r u n d s b e r g ſtieß zu ihm mit 2000 Landsknechten. Hart prallten
die Gegner aufeinander. Am 15. Juli kam es zum erſten Gefecht. Das Dorf Luibas
ging, ebenſo wie viele Höfe der Umgebung, in Flammen auf. Aus einem unbekannten
Grunde — man ſagt es ſei Verrat geweſen — verließen die Bauern ihre gute
Stellung und zogen auf den Kohlenberg. Der Truchſeß ließ ſagen, wenn ſich die
Bauern auf Gnade und Ungnade ergeben würden, dann wolle er glimpflich mit ihnen
verfahren, ſonſt aber müßten alle Dörfer und Weiler der ganzen Gegend in Flammen
aufgehen. Der „Knopf von Luibas" war für den Kampf, die beiden anderen Führer
fürs Verhandeln und die meiſten Bauern fürchteten den angedrohten Brand und er=
gaben ſich. Sie wurden entwaffnet, worauf der Truchſeß die „Rädelsführer" greifen
und in die Kirche von Durrach ſperren ließ. Z w a n z i g Bauern wurden enthauptet.
Der „Knopf von Luibas" war entkommen, wurde aber im Vorarlbergiſchen erkannt,
verraten und gehenkt. Und noch einmal ſtanden Bauern im K l e t t g a u auf, alſo
dort, wo der Bauernkrieg begonnen hatte. In den letzten Oktobertagen liefen ſie zu=
ſammen, am 4. November ſtellten ſie ſich dem Grafen v o n S u l z bei G r i e ß e n,
über zweihundert Bauern kamen um und die Anführer wurden hingerichtet. Dem
Prediger der Klettgauer, H a n s R e b m a n n, ließ der Graf von Sulz beide Augen
mit einem eiſernen Löffel auskratzen und in die leeren Augenhöhlen Stroh ſtopfen.
Ruhe, lähmende Ruhe herrſchte im Land vom Bodenſee bis zum Thüringer Wald,
von der lothringiſchen bis zur öſterreichiſchen Grenze. Aber jenſeits derſelben lohte der
Brand lichterloh. Hart und voll Kraft ſchlugen in Salzburg und in S t e i e r =
m a r k die Bauern an das Eiſen!

## In Öſterreich und in Tirol

Die Bauern in den ſogenannten h a b s b u r g i ſ ch e n Erblanden, beſonders in
Niederöſterreich, Oberöſterreich, Oberſteier und Tirol, waren von ihren Herren,
wenigſtens bis zum Ausbruch des großen Bauernkrieges, weniger beſchwert als die
Bauern in Franken, Thüringen oder gar in Schwaben. Ihr Los war auch ein
beſſeres als das der Bauern in den umliegenden g e i ſ t l i ch e n Fürſtentümern, wie
S a l z b u r g und B r i x e n. Dies hatte vor allem darin ſeinen Grund, daß bis zu
Kaiſer Maximilians I. Zeiten, die habsburgiſchen Landesfürſten die Bauern als eine
Art Gegengewicht gegen den manchmal ſehr ſtörriſchen Adel betrachteten und über=

haupt beſtrebt waren, in ihren eigenen Landen möglichſt wenig Unruhe zu haben. Beſonders die Bauern in Tirol erfreuten ſich eines ſolchen Ausmaßes von Freiheit, daß ſie, nächſt den Schweizern, als die freiſten Bauern Süddeutſchlands gelten konnten. Es war ihnen verſtattet, vom Adel Güter zu erwerben und ſie hatten ebenſo Sitz und Stimme im Landtag wie der adelige Stand. Leibeigene Bauern gab es in Tirol nur ſehr wenige und ihre Belaſtung ging zumeiſt nicht halb ſo weit wie anderwärts. Die in Franken, Thüringen, im Elſaß und in Schwaben allgemein übliche Leiſtung des „Beſthaupt" wurde in Öſterreich nicht gefördert, das hiefür übliche „Freigeld", auch „Todfall" genannt, war bei weitem nicht ſo drückend wie das „Beſthaupt". Wenn es alſo demungeachtet in den habsburgiſchen Erblanden zu mächtigen Erhebungen während des Jahres 1525 kam, ſo waren die feſteingeführten leiblichen Belaſtungen wohl weniger dafür ausſchlaggebend, als die oft vorkommenden Übergriffe habgieriger Amtsleute und die Auswirkungen der Verweltlichung und Verlotterung der Geiſtlichkeit. Daraus erwuchs, beſonders für das an religiöſe Bedürfniſſe gebundene Bauernvolk viel ſeeliſche, aber auch viel geldliche Not. Überall ſtoßen wir bei Betrachtung der Beſchwerden der öſterreichiſchen Bauern auf die Forderung nach Abſtellung der willkürlich verlangten und übermäßig hohen Stolgebühren, d. i. der Gebühren der Geiſtlichkeit für Taufen, Eheſchließungen und Begraben. Die niedere Geiſtlichkeit war zumeiſt auf dieſe Stolgebühren angewieſen, weil viele Pfarrer ihre Pfarren nicht ſelbſt verwalteten, ſondern die regelmäßigen Einkünfte derſelben aus dem großen Zehent uſw. irgendwo anders verzehrten. Die Seelſorge beſorgten zumeiſt Vikare, die dafür den Pfarrern ein ſogenanntes „Abſentgeld" zahlen mußten und dafür, um auch zu Geld zu kommen, ihre Pfarrholden nach beſten Kräften mit hohen Stolforderungen beſchwerten. Alſo ſammelten viele Geiſtliche „große, unermeßliche Schätze, vertun ſie auch mit ihren Köchinnen in großer Pracht und Übermut".13) Leicht iſt verſtändlich, daß ſich bei ſolchen Zuſtänden die Lehre Martin Luthers in Öſterreich allgemein und außerordentlich ſchnell verbreitete, insbeſondere unter den Bauern. Darin machte auch Tirol keine Ausnahme und dort waren beſonders die Salzknappen in Hall und die Silberknappen in Schwaz recht eifrige Verbreiter der neuen Lehre. Als dann gar die „12 Artikel" über die Grenzen durch alle Täler flogen, entzündete ſich allenthalben der noch ungebrochene Freiheitſinn der Bauern der habsburgiſchen Erblande. Im unteren Öſterreich, zwiſchen Wien und Wiener Neuſtadt, machten die Weinhauer und ihre Knechte einen feſten Bund und wollten die Lehre Luthers eingeführt wiſſen. Im oberen Öſterreich entſtand der Attergauer Bauernbund, der achtzehn Forderungen aufſtellte und dem Erzherzog Ferdinand ſagen ließ, wenn die Bauern bei ihm keinen Schutz fänden, dann müßten ſie Weib und Kinder und das Land verlaſſen. Das arme Volk in den Städten ſtellte ſich überall auf die Seite der Bauern. In Oberſteiermark ließen ſich die meiſten Bauern und Bergknappen nicht hindern, auf eigene Fauſt die lutheriſche Lehre anzunehmen und darnach zu leben.

Beſonders unzufrieden und unruhig war das Bauernvolk in Tirol geworden. Dort ſaß in Innsbruck der Erzherzog Ferdinand, der Bruder Kaiſer Karl V. Er war, gleich dieſem, in Spanien erzogen worden, ſeine Umgebung beſtand hauptſächlich aus ſpaniſchen Edelleuten und ſein Vertrauter und Schatzmeiſter

---

13) Beſchwerde der Attergauer Bauern an Erzherzog Ferdinand am 20. Juni 1525.

war der spanische Jude Salamanca. Voll Stolz und Übermut blickten die Spanier auf die einfachen Leute in Tirol. Eine üble, den Tirolern ungewohnte Wirtschaft herrschte am Hofe zu Innsbruck und neue Sitten, landfremde Gepflogenheiten erbitterten das Volk. Die Bauern beklagten sich ständig über den großen Wildschaden, der dadurch entstand, daß das Wild, zur Befriedigung der Jagdlust der Herren, überhegt wurde. Schließlich setzten es die Bauern durch, daß sie auf eigenen Grund und Boden alles Wild abschießen durften, aber die Verbitterung war schon zu weit gediehen und machte sich Luft. Hier und dort kam es vor, daß ein erzherzoglicher Amtmann oder Hofherr von Bauern erschlagen wurde. Noch ärger war es, als der Erzherzog die Anhänger der neuen Lehre verfolgen und einkerkern ließ. Als dann im benachbarten Schwaben der Bauernkrieg ausbrach, machten sich die Tiroler Bauern, unter Zugrundelegung der „12 Artikel", eine Beschwerdeschrift, die 14 Artikel umfaßte. Verlangt wurde unter anderem, daß alle, wegen des Evangeliums Verhafteten, freigelassen und die Ausgewiesenen oder Geflohenen zurückgerufen würden; daß den Geistlichen die weltliche Gewalt abgenommen werde und die Gemeinden ihre Prediger selbst setzen und entsetzen können; daß auf den Landtagen jedermann frei und offen über die Angelegenheiten seines Standes reden könne; daß jedermann das Recht haben solle, das Rotwild aus den Feldern zu verjagen und daß Geflügel, Wild und die Fische im fließenden Wasser frei sein sollen; daß der Zehent nicht ungerecht eingezogen oder, wie es einige Male geschah, zweimal im Jahr gefordert wird; daß den Fuggern und anderen großen Handelsgesellschaften besser auf die Finger gesehen werde, weil sie viel Teuerung hervorrufen; daß kein Geschütz und Pulver in Tirol verladen werde, das gegen ihre bäuerlichen Brüder in Schwaben gehe usw. Der Erzherzog kam den Bauern, wider Erwarten, sehr weit entgegen, d. h. er versprach alles zu tun, was die Bauern begehrten. Er wollte Zeit gewinnen. Also gab er die Gefangenen frei und sparte nicht mit beruhigenden Erklärungen. Daraufhin flaute in Nordtirol der Trieb zum Aufstand ab. Aber im Süden, im Gebiet der Bistümer Brixen und Trient, wo die Bauern viel mehr bedrückt waren als in Nordtirol, begnügten sie sich nicht mit den schönen Worten des Erzherzogs. Um die Stadt Brixen herum sammelten sich die Bauern, drangen in die Stadt ein, verjagten den Bischof und plünderten die Häuser der verhaßten Geistlichen. Das Haupt der Bauernerhebung im Bistum Brixen war der ehemalige bischöfliche Geheimschreiber Michael Gaißmayer, ein Knappensohn aus Sterzing. Bald lief der Aufstand durch ganz Tirol, ausnehmlich Innsbruck, Hall und Schwaz, bis hinunter zum Gardasee. Die Stadt Trient wurde hart bedrängt, die Deutschordenshäuser in Bozen, Lengmoos und Schlanders von Bauern besetzt. Schnell berief der Erzherzog für den 15. Juli 1525 den Landtag ein und gab ganz außerordentliche Zugeständnisse, darunter auch die Erlaubnis der freien Predigt des Evangeliums und die Einsetzung der Pfarrer durch die Gemeinden. Weiter versprach er die Schaffung einer „neuen Landesordnung", die der nächste Landtag, der auf Michaeli zusammentreten sollte, beschließen würde. Auf diesem Landtag sollten auch alle übrigen Beschwerden zum Austrag kommen. Nach diesem Versprechen verließ Erzherzog Ferdinand das Land. Vorher griff er aber noch nach den geistlichen Besitzungen, die von den Bauern genommen worden waren, um sie dem Besitzstand des

Hauses Habsburg einzuverleiben. Dies wollten jedoch die Gemeinden des Hochstiftes Brixen nicht zulassen. Es kam zu einer neuerlichen Erhebung, die sich besonders stark im Süden äußerte. Amtleute wurden erschlagen und Vogteien erstürmt. Die Bauern des Etschtales zogen vor die Bischofstadt Trient, leiteten die Etsch ab und belagerten die Stadt. Der Erzherzog brachte fremdes Kriegsvolk ins Land, Böhmen, Italiener und Spanier. Alles in allem rund 16 000 Mann. Dieses Kriegsvolk schlug die Erhebung, nach mancherlei Gefechten, blutig nieder. Darauf hielt der Bischof von Trient sein Strafgericht. Den Gefangenen wurden „teils Nasen und Ohren abgeschnitten, andere geviertelt, etliche gespießt, etliche lebendig verbrannt. Etlichen wurde lebend das Herz herausgeschnitten, ihnen um das Maul geschlagen und dann ihr Leib zerstückt. Gar vielen hat man bloß ihr Vermögen eingezogen, sie mit Ruten ausgestrichen und aus dem Lande vertrieben. Keiner wurde entlassen ohne das Brandzeichen, das ihm an die Stirne gebrannt wurde." Michael Gaiß= mayer befand sich zur Zeit der Niederwerfung des Aufstandes in Innsbruck. Er ward verpflichtet, die Stadt nicht zu verlassen. Als er aber sah, wie des Bischofs „christliche Liebe" wirksam war und auch ihn zu „beglücken" drohte, flüchtete er in die Schweiz. Von dort aus erließ er — nachdem der Erzherzog sein Versprechen „ganz vergessen hatte" — die „neue Gaißmayerische Landesordnung", die unter anderen verlangte, man müßte „alle gottlosen Menschen, die das Wort Gottes verfolgen, den gemeinen, armen Mann beschweren und gemeinen Nutz ver= hindern, ausrotten und abtun". Dann sollten „alle Freiheiten abgetan sein, wenn sie wider das Wort Gottes sind und das Recht fälschen". Sonach verlangte er „damit nimmer Zerrüttung, auch Hoffahrt und Aufruhr entstehen kann", daß die Ringmauern in den Städten, Schlössern und Befestigungen des Landes niedergelegt werden sollten. Weiters forderte er die Abschaffung der römischen Messe, „denn es ist ein Greuel und ganz unchristlich". Hernach verlangte er die Umwand= lung der Klöster und Ordenshäuser in Spitäler und Siechen= häuser, sowie die Einschmelzung der Kelche und Kleinodien der Kirchen zum Zwecke der Vermünzung. Schließlich ward gefordert die Entwässerung der Moore und Auen und die Einziehung der im Besitz der Fugger usw. befindlichen Bergwerke „zu gemeinen Lands= händen". Wohl fand die „neue Landesordnung" Michael Gaißmayers in Tirol und darüber hinaus die größte Beachtung. Als er aber Ende März 1526 kommen wollte, um zur neuerlichen Erhebung aufzurufen, blieben die erwarteten Leute aus, d. h. sie kamen nicht zur angesagten Zeit. Obwohl Glurns, der ausersehene Waffenplatz, in den Händen von Gaißmayers Leuten war, konnte nichts begonnen noch ausgerichtet werden. Also blieb der Erzherzog obenauf. Alle Orte, in denen Gaißmayers „neue Landesordnung" vorgefunden wurde, sollten niedergebrannt werden und den Bruder des Michael Gaißmayers, den Hans Gaißmayer, Bürger in Sterzing, ließ der Erzherzog hinrichten. Hans Gaißmayer wurde am 9. April 1526 in Innsbruck gefoltert und als Landesverräter geviertelt. Michael Gaißmayer aber wendete sich erst in die Schweiz und dann nach Salzburg, wo der Bauernaufstand noch immer im vollen Gange war.

Das Erzſtift Salzburg war das angeſehenſte geiſtliche Fürſtentum Süd=
deutſchlands. Um die Würde eines Erzbiſchofs und Fürſten von Salzburg bewarben
ſich die Sproſſen der älteſten Adelsgeſchlechter und der mächtigſten Fürſtenhäuſer.
Darum erregte es großes Aufſehen, als im Jahre 1519 ein Bürgerlicher, Herr
M a t t h ä u s  L a n g  v o n  W e l l e n b e r g [14]) den erzbiſchöflichen Stuhl von Salz=
burg beſtieg. Matthäus Lang war der Liebling Kaiſer Maximilian I. geweſen und
hatte ſich als Staatsmann einen großen Ruf errungen. Durch ſeine Vermittlung
waren die Doppelheiraten zwiſchen dem Hauſe Habsburg und dem Hauſe
J a g e l l o  zuſtandegekommen und ihm vor allem hatte es Karl V. zu danken, daß
er Deutſcher Kaiſer wurde. Matthäus Lang, deſſen Prunkſucht mit dem Ehrgeiz
wetteiferte, hatte ſich ſchon frühzeitig eine Unmenge Pfründen zu verſchaffen gewußt,
die ihm ein für die damalige Zeit ganz ungewöhnlich hohes Einkommen brachten.
Ohne dem geiſtlichen Stande anzugehören, war er Dompropſt zu A u g s b u r g  u n d
K o n ſ t a n z , Koadjutor, d. i. Verwalter des Biſtumes G u r k  und ſchließlich, im
Jahre 1512, ſogar K a r d i n a l  geworden. Zwei Jahre ſpäter ließ er ſich zum
Nachfolger des greiſen Erzbiſchofs von Salzburg beſtellen und trat nach deſſen Tod
die geiſtliche und weltliche Regierung des mächtigen Erzſtiftes an. Erſt als er ſchon
Erzbiſchof geworden war, ließ er ſich, an einem Tage, die Prieſter= und Biſchofsweihe
geben. Der Hang des Kardinals — ſo wurde Matthäus Lang gewöhnlich genannt
— zu Prunk und Feſtlichkeiten konnte nun voll befriedigt werden. Bald reichten die
großen Erträgniſſe des Erzſtiftes nicht mehr aus für die Bedürfniſſe des Kardinals.
Matthäus Lang führte neue Steuern ein, was ihn in ſehr ſtarkem Gegenſatz zu den
weltlichen Ständen — Adel, Städte und Märkte — beſonders aber zu den Bauern
brachte, auf deren Schultern die meiſten Laſten gelegt wurden. Schon 1519 hatten
die Bauern über die hohe „Weihſteuer" gemurrt, die von den Bauern jedesmal ge=
leiſtet werden mußte, wenn ein neuer Erzbiſchof kam und auch vom reichen Matthäus
Lang abgefordert wurde, wiewohl er wiſſen mußte, daß die Salzburger Bauern durch
Zehent, Steuern und Robot arg belaſtet waren. Allenthalben warf man dem Kar=
dinal mit Recht vor, er litte an Verſchwendungſucht und übte Untreue am Volk, da
er ſich nicht ſcheute, die von ihm beim Amtsantritt feierlich beſchworenen altherge=
brachten Rechte der Landſtände und Bürger zu mißachten. Dazu kam noch, daß er
die Lehre Luthers nicht in ſeinem Lande dulden wollte, wie wohl er ſelbſt die Urſache
war, daß ſie ins Land eindringen und ſich im Lande ausbreiten konnte. Matthäus
Lang hatte nämlich, zur beſſeren Ausbeutung der Gaſteiner Goldbergwerke, eine An=
zahl Bergknappen aus S a c h ſ e n  berufen, die alle der Lehre Luthers anhingen und
eine Menge lutheriſcher Bücher und Schriften ins Salzburger Land brachten. Die
leicht empfänglichen, von tiefer religiöſer Sehnſucht erfüllten Bauern des Gebirges
ließen beſonders die volksechten Weiſen und Worte der lutheriſchen Lieder auf ſich
wirken und fanden dadurch um ſo ſchneller den Weg zur neuen Lehre. Und bald
waren die meiſten Bauern des Gebirges, aber auch viele Bürger in den Märkten
und Städten des Erzſtiftes Salzburg, begeiſterte Anhänger des Luthertums geworden.

---

[14]) Dieſes Adelsprädikat ſtammt erſt aus dem Jahre 1498 und ward verliehen, als Matthäus
Lang ſchon in den Dienſten Maximilians I. ſtand.

Matthäus Lang war sicher kein Zelot, denn sonst hätte er den Augustinermönch Johann von Staupitz, den besonderen Freund Martin Luthers, nicht als Hofprediger nach Salzburg berufen und zum Abt des Klosters St. Peter gemacht. Aber er war zu sehr Fürst und Staatsmann, als daß er hätte seine Macht gefährden lassen, zumal sie auf der Würde eines römischen Erzbischofs aufgebaut war. Also hinderte er das Vordringen der neuen Lehre, wo er nur konnte. Als sich die Bürger der Stadt Salzburg im Frühjahr 1523 aufsässig zeigten, reiste Matthäus Lang nach Tirol und warb dort sechs Fähnlein Fußvolk, an deren Spitze er gegen seine eigenen Bürger zog. Diese waren vollkommen überrascht, mußten sich unterwerfen und sämtliche Freiheitbriefe ausliefern. Dieser ganz unblutige Feldzug wird der „lateinische Krieg" genannt, weil er bewirkt hatte, daß die letzten alten deutschen Gerechtsamen der Stadt Salzburg vollständig aufgehoben und durch die lateinischen, d. i. die römischen Rechtsansichten ersetzt wurden. Die Kosten für seinen „lateinischen Krieg" bürdete der Kardinal kurzerhand den Salzburger Bürgern auf. Diese trugen ihre Unzufriedenheit unter die Bauern, die ohnehin schon lange mit scheelen Augen die Verschwendung am erzbischöflichen Hofe beobachteten und den Kardinal wegen seiner harten Maßnahmen gegen die neue Lehre gründlich haßten. Als dann gar der Kardinal ein Umgeld, d. i. eine Umlage auf den Genuß von geistigen Getränken einführte und die Geistlichkeit und den Adel davon befreite, steigerte sich die Erregung im Volke um so mehr, als sich viele Geistliche dem Trunk und der Unmäßigkeit hingaben. Daß dem so war, geht aus der Verhandlungschrift des erzbischöflichen Rates vom 16. März 1523 hervor, in der gesagt wird, es seien fast alle Geistlichen nichts wert, oder Konkubinarier, Trinker oder Spieler oder sonst ausgelassen. Hingegen war am 5. Oktober 1524 vom Kardinal ein Mandat erlassen worden, das sich besonders scharf gegen die lutherische Lehre richtete. Auch dieses Mandat trug viel dazu bei, die ohnehin böse Stimmung noch zu verschärfen.

Die Auslösung der im Volke aufgehäuften und nur mühsam zurückgehaltene Erregung ergab sich durch einen Vorfall, der sich am 8. Mai 1525 in St. Leonhard am Untersberg begab. Es sollte der Priester Eustachius [15]) — genannt von Heiterwang — der wegen Verbreitung der lutherischen Lehre vom Kardinal zu „ewigem Gefängnis" verurteilt worden war, durch einige Gerichtsknechte auf ein Pferd geschmiedet, von Hohensalzburg ins Schloß Mittersill im Pinzgau gebracht werden. In St. Leonhard machten die Gerichtsknechte eine Rast, gingen ins Wirtshaus und ließen den Gefangenen auf der Straße, woselbst sich viele Leute sammelten. Der Gefangene flehte die Leute um Hilfe an. Einige Burschen, darunter der zufällig mit Salzfahren beschäftigte Bauernsohn Stöckl aus Bramberg im Pinzgau, befreiten ihn und verjagten die Gerichtsknechte. Der Kardinal ließ den Stöckl und noch einen Bauernsohn, der bei der Befreiung des Priesters Eustachius mitgewirkt hatte, festnehmen und ohne Gerichtsverfahren, heimlich enthaupten. Ein einziger Schrei der Empörung ging durch das ganze Land! Die Verwandten und Freunde der Hingerichteten liefen von Tal zu Tal und riefen nach Vergeltung. Im Gebirge kam es zu Aufläufen, ebenso in der Stadt Salzburg. Der Kardinal ließ Kriegsvolk anwerben und das die Stadt vollkommen beherrschende Schloß Hohensalzburg mit viel Geschütz versehen. Dies verschärfte die Erbitterung der Bürger, Bergknappen

15) Nicht, wie es gewöhnlich heißt „Matthäus".

und Bauern. In Gastein versammelten sich am 25. Mai die Bergknappen und beschlossen, mit den Bauern gemeinsame Sache zu machen. Beide Gruppen faßten ihre Beschwerden in 14 Artikel zusammen. Fast gleichzeitig sammelten sich die Bauern in Zell am See. Allseits tat sich die schärfste Abneigung gegen den Kardinal kund. Bald war das ganze Gebirge im Aufstand. Die Knappen und Bauern besetzten alle Pässe, setzten sich in den Besitz des festen Schlosses Hohenwerfen und zogen gegen Hallein, wo sie ihr Hauptquartier aufschlugen und den Kaspar Praßler aus Gastein zu ihrem Oberhauptmann machten. Von Hallein aus erließ der Bauernausschuß einen Aufruf an alle Bürger des Landes. In diesem Aufruf hieß es unter anderem: „Dieweilen eine lange Zeit her das heilig Evangelium und Gots Wort schlecht und wenig geoffenbart, dadurch der gemeine Mann verführt worden ist und von der Geistlichkeit ein solcher Mißprauch khomen (ist), daß viel eigennütziger Sachen daraus entstanden und aufkhommen sein." Der Aufruf tat seine Wirkung. Von allen Seiten strömten die Bauern ins Lager. Am Pfingstmontag, den 5. Juni, brachen die Bauern auf und zogen gegen Salzburg. Ohne den geringsten Widerstand zu finden, marschierten sie durch das von Bürgern geöffnete Steintor ein. Der Kardinal hatte sich schon am 5. Juni mit ihm ergebenen Domherren und Edelleuten, sowie 300 fremden Knechten, auf das feste Schloß Hohensalzburg geflüchtet. Die Bauern plünderten die erzbischöfliche Residenz, zerrissen viele Schriftstücke und Schuldbriefe und tranken ausgiebig vom guten Wein des Kardinals. Die Führer aber behielten ihren klaren Kopf und kümmerten sich vor allem um die Schaffung einer gutgespickten Kriegskasse. Das Benediktinerstift St. Peter mußte 900 Gulden zahlen, das Frauenstift Nonnberg etwas weniger, die Abtei Mondsee 700 Gulden. Die Bürgerschaft lieh dem Bauernausschuß über 12 500 Gulden. Die Bauern bezogen nun ein Lager in der Riedenburg und begannen, vom Domplatz aus, das Schloß Hohensalzburg zu beschießen. Aber es mangelte ihnen an entsprechenden Geschützen. Einzelne Kanonen der Bauern waren nur aus — Holz und zerbarsten nach dem dritten oder vierten Schuß. Wirkungslos prallten die Steinkugeln an den festen Mauern des Schlosses ab. Nun versuchten es die Bergknappen mit dem Graben von unterirdischen Stollen. Aber das harte Gestein des Mönchsberges machte alle ihre Bemühungen zu Schanden. Das vermochte die Bauern jedoch nicht zu entmutigen. Immer enger zogen sie den Ring und hielten die Stadt fest in ihrer Hand. Schließlich sah sich der Kardinal gezwungen, die Hilfe der Herzoge von Bayern anzurufen. Diese schickten eine Abordnung ins Bauernlager, um einen „friedlichen Anstand" anzubieten. Die Bauern beharrten auf ihrem Verlangen nach Abdankung des Kardinals und sagten, sie ließen sich gerne einen weltlichen Herrn aus dem Hause Bayern gefallen, aber nimmermehr den Erzbischof Matthäus Lang. Selbst dann, als der Kardinal vorschlug, er wolle das Erzstift säkularisieren, d. h. verweltlichen und nur weltlicher Herr darüber bleiben, lehnten die Bauern ab. Auch von Erzherzog Ferdinand war eine Abordnung in Salzburg eingetroffen, um zu vermitteln. Dies kam den Bauern deswegen sehr zustatten, weil sowohl die bayerische wie auch die österreichische Abordnung soviel als möglich an Zugeständnissen vom Kardinal erlangen wollte, allerdings nicht für die Bauern, sondern für die Herrscherhäuser Wittelsbach und Habsburg. Die bayerische Abordnung setzte es schließlich durch, daß der Kardinal einwilligte, den

Herzog Ernst von Bayern als seinen Nachfolger für den Erzbischofstuhl von Salzburg anzunehmen. Nach langen, ergebnislosen Unterhandlungen mit den Bauern schlugen die Abordnungen vor, es solle durch die Fürsten von Österreich und Bayern oder von den Ständen des schwäbischen Bundes untersucht werden, ob zur Absetzung des Erzbischofs genügend Grund gegeben sei und wenn nicht, müsse er eine Änderung in seinem Regierungsystem treffen und eine Regierung einsetzen, in der auch Vertreter der Bauern säßen. Aber der Bauernausschuß verwarf diesen Vorschlag. Nun gab der Kardinal eine Erklärung ab, er wolle sich mit einem neuen Rat umgeben, in dem zwei Drittel der Ratsmitglieder von der Landschaft, d. i. den Bauern, Bürgern und Rittern, gestellt würden und sollte der neue Rat nicht nur ihm, sondern auch der Landschaft verpflichtet und vereidet werden. Die Bauern wollten auch davon nichts wissen. Sie verlangten immer wieder die Übergabe des Schlosses Hohensalzburg und die Abdankung des Kardinals. Sie fühlten sich stark, zumal sie sehen konnten, wie die österreichische Abordnung gegen die bayerische und diese wieder gegen die österreichische arbeitete. Wo die Bauern nur konnten, bedrängten sie den Kardinal.

Inzwischen neigte sich der Monat Juni dem Ende zu. Da kam die Nachricht, daß der erzherzogliche Feldherr und Landeshauptmann von Steiermark, Siegmund von Dietrichstein, vom Steirischen her gegen die salzburgische Grenze vorrücke. Helle Wut erfaßte die Bauern, denn Siegmund von Dietrichstein war ihnen allen verhaßt, seit er den „windischen Bund" zersprengt und dessen Anführer hatte köpfen lassen. Seinen Husaren — „Ratzen" genannt — ging der übelste Ruf voraus. Überall war verbreitet worden, daß sie „ärger seien wie die Türken". Der Bauernausschuß von Salzburg beschloß, sofort 1200 Mann nach Steiermark zu senden. Und die Sturmglocken gellten wiederum durch das ganze Land.

## Der Tag von Schladming

Dem Landeshauptmann Siegmund von Dietrichstein war von Erzherzog Ferdinand der Auftrag gegeben worden, die auch in der Steiermark überall sich zeigenden Erhebunggelüste der Bauern mit aller Gewalt zu unterdrücken. „Er solle", so schrieb der Erzherzog „mit spißen, schneiten, virteilen und aller grausamer straff handeln und mit raub und prant einen trefflichen anfang machen". Dies befolgte Siegmund von Dietrichstein um so mehr, als ihm der Hofkriegsrat kein Geld zum Bezahlen seiner soldhungrigen Soldaten schickte, sondern sagen ließ, er solle sich das hiefür nötige Geld dort holen, wo man Aufruhr mache. Also zog Siegmund von Dietrichstein, mit den Herren und Rittern des habsburgischen Dienstadels, mit ungarischen Husaren, sowie mit böhmischen und deutschen Fußknechten durch das Paltental, gegen das Ennstal und ließ brandschatzen, was im Wege lag. Wie die losgelassenen Teufel flitzten die Husaren, hauend und mordend, von Ort zu Ort. Bei Rottenmann fiel ein Haufe steirischer Bauern und Bergknappen über das zusammengewürfelte Soldatenvolk her. Etliche hundert böhmische Fußknechte und viele Herren vom Adel wurden von den Bauern erschlagen. Aber die Bauern nutzten ihren Sieg nicht, sondern gingen zum Teil wieder heim oder zogen ins Salzburgische, um sich dort mit ihren kämpfenden Brüdern zu vereinigen. Siegmund von Dietrichstein erhielt inzwischen Verstärkung, nahm das Städtchen Rottenmann und schuf Ruhe im Ennstal mit harter Hand, mit Feuer und Schwert. Eben wollte er sich auf den Rückmarsch begeben, als er den „Feindbrief" der Salzburger Bauern erhielt. Diese hatten sich in und um Radstadt gesammelt und den Bergmann Michael Gruber aus Bramberg im Pinzgau zu ihrem Hauptmann gemacht. Die Bauern verlangten, Dietrichstein solle abziehen. Dietrichstein gab zur Antwort, er sei willens dies zu tun, aber Michael Gruber müsse die im Bauernlager befindlichen Steirer von sich abtun. Michael Gruber meinte, er müsse sich darüber erst beim Bauernausschuß in Salzburg anfragen. So ward einige Tage hin= und hervorhandelt, bis sich Michael Gruber entschloß, Siegmund von Dietrichstein unversehens anzugreifen. In der Nacht vom zweiten auf den dritten Juli machte er sich mit 4000 Mann, in aller Stille, von Radstadt auf den Weg und stand zwischen 4 und 5 Uhr früh vor Schladming. Im Nu waren die Wachen überwältigt und die Stadt in den Händen der Bauern. Viele Herren vom Adel kamen fechtend um. Siegmund von Dietrichstein schlug sich durch zu jenem Platz, auf dem seine Deutschen Fußknechte versammelt waren. Aber diese folgten ihm nicht, ja sie bedrängten ihn sogar mit Schlägen und Stichen. Die meisten Deutschen Fußknechte gingen zu den Bauern über. Den böh= mischen Stuck= und Fußknechten und den ungarischen „Ratzen" wurde von den Bauern kein Pardon gegeben. Alles, was nicht deutsch sprechen konnte, mußte über die Klinge springen. Nur 32 Ungarn und Böhmen wurden gefangen gesetzt. Elf Geschütze, viel Pulver und 1900 Gulden fielen in die Hände der Bauern. Siegmund von Dietrichstein flüchtete sich mit einigen Herren und Rittern auf den Kirchturm. Dort ergab er sich seinen abgefallenen Fußknechten gegen die Zusage ritterlichen Ge= fängnisses.

Die Bauern und Knappen waren mit der Zusage der Fußknechte nicht einver= standen. Siegmund von Dietrichstein wurde mit 18 Adeligen, unter Trommel= und Pfeifenklang, vor die versammelte Bauernschaft in den Ring geführt. Ein Berg= knappe machte den Ankläger und sprach: „Dieser gegenwärtige Dietrichstein, das schielende Hurenkind, hat im vorigen Bauernbund uns Brüder am meisten verfolgt, vertreiben, spießen und mit Rossen zerreißen lassen; ist auch an des Wölfel an der Heft Tod, daß er gespießt wurde, Ursache gewesen. So hat er auch jetzt unserer Brüder und Hauptleute zwei zu Irming spießen lassen, und war der Meinung, uns alle auch zu spießen; er hat dazu Wagen voll Spieße mitgebracht; hat seine Ratzen unsere Schwestern, unsere Frauen zerhauen, zerstückeln lassen. Wir müssen bedenken, wo er so, als wir ihn haben, uns in seiner Gewalt hätte, wie er mit uns umgehen würde. Ist einer im ganzen Ring, der hierum anders weiß, der trete vor." Niemand rührte sich im Ring. Der Bergknappe aber fuhr fort: „So hab ich mein Klag ge= nugsam bewiesen und sprech zu Recht, wenn ich sag, daß auch er gespießt werden soll. Wer meiner Meinung ist, der reck die Hand auf." Bei viertausend Hände flogen in die Höhe. Siegmund von Dietrichstein erbat sich einen Augenblick Stille. Dies ward ihm gewährt. Er wandte sich an seine abgefallenen Deutschen Fußknechte und erinnerte sie an ihre Zusage des ritterlichen Gefängnisses. Die Fußknechte schrieen: „Ja, er hat unser Wort und das wollen wir halten!" Nur mit Widerwillen und nach erregtem Wortwechsel mit den Fußknechten fügten sich die Bauern. Michael Gruber aber schickte sofort nach Salzburg, um dort anzufragen, was mit Siegmund von Dietrichstein und den 18 Adeligen geschehen solle. Es ward ihm Antwort, er solle sie „wohl und redlich" halten. Also war das Leben Siegmund von Dietrichsteins und der anderen Adeligen gerettet. Nicht aber das Leben der 32 ungarischen und böhmischen Gefangenen, die allesamt am 6. Juli auf dem offenen Platz zu Schladming enthauptet wurden. Siegmund von Dietrichstein wurde mit den Adeligen in Bauernkleidern und auf Ackergäulen nach Radstadt gebracht. Sodann kamen die Gefangenen ins Gefängnis des festen Schlosses Hohenwerfen. Michael Gruber zog weiter nach Salzburg, wo er freudigst empfangen und, an Stelle Kaspar Praßlers, zum Oberhauptmann der „gemeinen oder salzburgischen Landschaft", wie sich die Bauern selbst nannten, bestellt wurde.

## Fortgang und Abschluß des ersten Salzburger Bauernkrieges

In Salzburg hatte sich in den letzten Wochen nicht viel verändert. Immer noch schossen die Bauern auf das Schloß Hohensalzburg, darin sich immer noch der Kardinal befand. Die Bauern konnten auch nicht hoffen, daß ihnen der Hunger auf Hohensalzburg zu Hilfe käme, denn der Kardinal war mit allem Nötigen wohl versehen. Desungeachtet blieben die Bauern guten Mutes und machten mancherlei Streifzüge in die weitere Umgebung. So kam ein Haufe auch nach Berchtesgaden, wo er den berühmten „Berchtesgadener Fischzug" machte. Der Probst des Stiftes Berchtesgaden, Herr Wolfgang von Lengberg, hatte vorgesorgt, daß ihm, wenn die Bauern schon kämen, nicht allzuviel genommen werde. Er ließ die Kostbarkeiten des Klosters sorgsam in ein großes Faß verpacken und dieses in einen Fischteich versenken. Die Salzburger Bauern mußten davon erfahren haben, denn sie spürten plötzlich eine starke Lust zum Fischen und ließen schließlich den Fischteich ab und fanden das Faß mit den Kleinodien. Mit einem Teil des Erlöses aus dem kostbaren Fund besoldeten sie Leute aus Berchtesgaden, die um so lieber mit den Bauern nach Salzburg zogen, als sie vom Stift aus stets sehr hart gehalten worden waren. Aber auch der Kardinal war wieder etwas hoffnungreicher geworden, da es seinen Gesandten gelungen war, die bayerischen Herzoge und den schwäbischen Bund zu einem tatkräftigeren Vorgehen zu gewinnen. Bei den Bauern brachte es der schwäbische Bund vorerst dahin, daß sie in die Freilassung des Kardinals willigten, falls er seinen und den von ihm geworbenen Kriegsvolk den Abschied gebe, seine Unkosten selbst bezahlen und sich mit einem Rat umgeben würde, der den Bauern genehm sei. Darüber wurde immer noch verhandelt, als die Truppen des schwäbischen Bundes unter Jörg von Frundsberg und die der Herzoge von Bayern unter Herzog Ludwig schon im Anmarsch waren. Am 16. August langte das vereinigte, etwa 10 000 Mann starke Heer vor Salzburg an und bezog bei Marglan ein festes Lager. Untätig lagen sich die Heere einige Tage gegenüber. Am 20. August ließ Jörg von Frundsberg seine Geschütze spielen und verschoß an diesem und am nachfolgenden Tag rund 60 Zentner Pulver. Aber die Bauern wichen keinen Zollbreit, schossen nach Kräften zurück und gewannen sogar an Boden. Von einer Erstürmung des Bauernlagers wollte Jörg von Frundsberg nichts wissen, er meinte, „wir würden alle darob bleiben und keine Ehre gewinnen". Nun vermittelte Herzog Ludwig, dem vor einem Krieg im Gebirge bangte, einen Vergleich zwischen den

Bauern und dem Kardinal. Es wurde am 31. August ein Vertrag gemacht, nach dem sich die Bauern nicht dem Kardinal, wohl aber dem schwäbischen Bund „auf Gnad und Ungnad" ergaben, aber zuvor die Zusicherung erhielten, daß niemand, der aus dem Lande stamme, gestraft würde. Die Bauern mußten versprechen, ihre Verbrüderung aufzugeben, dem Kardinal neu zu huldigen und ihr Kriegsvolk zu entlassen. Auch der Kardinal sollte sein Kriegsvolk, das auf Hohensalzburg als Besatzung war, abdanken. Der Bauernausschuß konnte zusammenbleiben bis zum schiedlichen Ausgleich über alle schwebenden Beschwernisse. Die Abgaben mußten wie bisher geleistet, die von den Bauern genommenen Güter zurückerstattet und der Entscheid über die Streitfragen den Ständen des schwäbischen Bundes überlassen bleiben. Als Ersatz für Kriegskosten sollte der Kardinal von der Landschaft den Betrag von 14 000 Gulden erhalten, weiter sollten die Gefangenen von Schladming freigegeben und das erbeutete Geschütz zurückgestellt werden. Hingegen mußte der Erzbischof geloben, drei von der Landschaft vorgeschlagene Männer in seinen Rat aufzunehmen, alle nicht vom Landtag beschlossenen Abgaben aufzulassen, alle begründeten Beschwerden abzuschaffen und eine neue feste Landesordnung zu erlassen. Dies alles wurde verbrieft und beschworen. Wie es kam, daß sich die Stimmung im Bauernausschuß zur friedlichen Austragung wendete, weiß man nicht. Fest steht jedoch, daß es dem Kardinal gelungen war, die beiden maßgebenden Bauernführer, den Michael Gruber und den Kaspar Praßler, für einen Vergleich zu gewinnen.

Noch am Tage der Fertigung des Vertrages zogen die Bauern in Wehr und Waffen ab. Am 1. September verließ der Kardinal das Schloß Hohensalzburg, wo er seit dem 5. Juni zwangsweise hatte weilen müssen. Er hielt einen feierlichen Einzug in die Stadt, wo ihm die Bürgerschaft neu huldigte und Michael Gruber die eigenen Waffen und die Bauernfahne dem Kardinal zu Füßen legte. Der Kardinal blieb nicht lange in Salzburg, sondern begab sich nach Mühldorf. Er war schwer in seinem Stolz gekränkt worden und konnte es nicht mit ansehen, daß nun in seinem Rat drei Männer sitzen sollten, die von der Landschaft bestellt waren. An Kriegskosten bekam er nur 14 000 Gulden ersetzt, während er 68 000 Gulden zu zahlen hatte. Es blieb ihm nichts anderes übrig, als 54 000 Gulden auszuleihen und die Herrschaft Tittmoning, die Stadt Laufen, die Herrschaft Mattsee und das Amt Geisenfelden zu verpfänden. Die Bauern hatten zwar nicht viel erreicht, waren aber einige Sorgen los geworden, sofern das Versprochene auch gehalten wurde. Sie brauchten kein Umgeld mehr zu zahlen, hatten sich Achtung erworben und konnten drei ihnen genehme Männer in den Rat des Erzbischofs entsenden. Die salzburgischen Bauern verdankten diesen glimpflichen Ausgang wohl zum großen Teil der bei allen Verhandlungen offen zutage getretenen Gegensätzlichkeit zwischen Österreich und Bayern, aber auch ihrer eigenen Standhaftigkeit, die um so höher gewertet werden muß, als der große Bauernaufstand in Schwaben, Franken, Thüringen und im Elsaß eigentlich schon zu Ende war, als die Salzburger den ihren anfingen.

# Der zweite Salzburger Bauernkrieg

Erzherzog Ferdinand von Österreich war mit dem friedsamen Ausgang der Salzburger Bauernerhebung nicht zufrieden. Er tat alles, um eine Annäherung Salzburgs an Bayern zu verhindern und weigerte sich, die während der Erhebung von seinen Truppen besetzten Gebiete des Erzstiftes — das Zillertal, Kitzbühel, Kropfsberg und Matrei — wieder herauszugeben. Das Zillertal und die Herrschaft Kropfsberg hatte er übrigens schon vor dem Abschluß des Vertrages mit den Bauern an Christoph von Lichtenstein verpfändet. Zudem verlangte der Erzherzog die Auslieferung der schon amnestierten „Rädelsführer", eine Entschädigung für angebliche Schäden in seinen 5 österreichischen Ländern in der Höhe von 235 000 Gulden, für sich selbst außerdem 100 000 Gulden und eine Gutmachung dafür, daß Salzburger in seinen Ländern den Aufstand verbreitet hätten. Alle Vorhalte der salzburgischen Gesandten, die ihn in Augsburg aufsuchten, waren umsonst. Ihn gelüstete nach den Besitzungen des reichen Erzstiftes und darum wollte er keinen Frieden, sondern suchte neuen Streit. Er ließ sein von Niklas von Salm befehligtes Kriegsvolk, von Steiermark aus, in salzburgisches Gebiet einfallen und dort brandschatzen. Während sich die Bauern im Frieden glaubten, überfiel Niklas von Salm im Oktober des Jahres 1525 das Städtchen Schladming, allwo sich am 3. Juli die Gefangennahme Dietrichssteins und der 18 Adeligen abgespielt hatte. Niklas von Salm ließ das Städtchen Schladming an allen Seiten anzünden. Die aus der Stadt Fliehenden wurden unbarmherzig in die Flammen zurückgetrieben, sodaß alles Lebende, Männer, Greise, Weiber und Kinder, elendiglich verbrennen mußte. Schladming wurde dem Erdboden gleichgemacht, alle Bauern der Umgebung, soweit sie nicht ins Salzburgische fliehen konnten, wurden gebrandschatzt und zu Hunderten aufgehängt. Leicht erklärlich, daß die Salzburger Bauern stutzig wurden und sich vorsahen, daß ihnen nichts Ähnliches geschähe, zumal auch der Kardinal die ihm „zugetane Schmach" nicht vergessen konnte und überall Kriegsvolk für sich werben ließ. Auch hielt der Kardinal nicht viel von dem, was er vertraglich versprochen und beschworen hatte. Als am 31. Oktober die Bauernbeschwerden ausgetragen wurden, zeigte sich, daß eigentlich alles beim Alten geblieben, wenn nicht — schlechter geworden war. Die Herrschaft der Kirche war neu befestigt worden, die Leibeigenschaft wurde nicht abgestellt. Statt der freien Jagd auf eigenem Grund wurde den Bauern erlaubt „kleine Vögel mit dem Bogen" zu schießen, für die Auflassung des Umgeldes wurden andere Abgaben angekündigt. Schon im Jänner 1526 kam eine neue Steuer. Also war es nur Wahrheit, wenn der Vertreter der freien Reichsstadt Nürnberg beim Bundestag des schwäbischen Bundes erklärte „der Erzbischof von Salzburg komme seinem Vertrag scheinbar mit Worten nach, tue aber das Gegenteil und beschwere die Untertanen mehr und mehr."

Die meisten Bauern, die um ihrer gemeinsamen Sache willen wochenlang im Feld gestanden waren, fühlten sich verraten und waren unzufrieden über den Ausgang. Von den Bauern wurde es sehr übel gedeutet, daß der Kardinal ihren ersten Feldhauptmann Kaspar Praßler zum Bergrichter von Gastein und ihren letzten Oberhauptmann Michael Gruber zum Hauptmann seiner Leibwach gemacht hatte. Allgemein ging im Volk die Rede, daß es im Frühjahr, wenn „die

Stauden wieder rauh werden", abermals losgehen müsse. Darnach drängten insbesonders die nach Hunderten zählenden Flüchtlinge aus Steiermark und Tirol, sowie die vielen arbeitslos gewordenen Bergknappen. Die Flüchtlinge wußten, daß ihr Bleiben im Lande Salzburg nicht von Dauer sein könne und daß sie, über kurz oder lang, ausgeliefert und irgendwo dem Schwert oder dem Strick des Henkers verfallen würden. Sie fühlten sich als ein „verlorener Haufen" in des Wortes vollster Bedeutung. Sie sahen, wie der Kardinal neue Söldner werben ließ, mit denen er sie vertreiben wollte. Wenn sie schon ihr Leben durch Gewalt verlieren müßten, so wollten sie dies im Kampfe tun. In den meisten Bauern des Pinzgaues und des Pongaues fanden sie zu allem entschlossene Kampfgenossen. Und es entbrannte in den ersten Apriltagen des Jahres 1526 der zweite Salzburger Bauernkrieg, der beiderseits mit einer Erbitterung sondergleichen geführt wurde und in seinen Kampfhandlungen ungleich härter war als der Bauernkrieg des Vorjahres.

Die neue Erhebung breitete sich über den ganzen Pinzgau, den Pongau und den Lungau aus. Den Oberbefehl über die Bauern führte, mit Tatkraft und Geschick, der Christoph Setzenwein aus Gastein. Zuerst besetzten die Bauern den Markt Zell am See, dann nahmen sie das feste Schloß Mittersill, plünderten es und steckten es in Brand. Die Truppen des Kardinals, befehligt von Wigileus Thurn und Christoph Graf, wurden aufgehalten und mußten sich zurückziehen. Der ehemalige Bauernhauptmann Kaspar Praßler, nunmehr Bergrichter in Gastein, ward von seinen Leuten in Stich gelassen und floh ins erzbischöfliche Lager. Bald war das ganze Land, ausgenommen die Städte Salzburg, Hallein und Radstadt, in der Gewalt der Bauern. Sie sammelten sich vorerst bei Radstadt, das sie belagerten und mit ihren hölzernen Kanonen beschossen. Schon am 16. April machten sie den ersten Sturm. Radstadt ward vom Pfleger Christoph Graf mit den Bürgern und etwa 150 Fußknechten verteidigt. Der Sturm der Bauern mißlang. Dafür schlugen sie das zum Entsatz Radstadts heranrückende Heer des Kardinals am Paß Lueg so hart, daß von den angerückten 13 Fähnlein nicht viel mehr als die Hälfte heil ins Lager zurückkam. Die Stadt Salzburg zu belagern fühlten sich die Bauern noch zu schwach. Also schickten sie ihre Ansager nach Tirol und Schwaben und ließen sagen, die Bauern sollten allerwege nach Salzburg eilen, man würde hier den entscheidenden Schlag wagen. Aber auch die Fürsten blieben nicht müßig und setzten alles daran, das letzte Aufflammen des Bauernkrieges mit aller Macht und gründlich zu ersticken. Aus Bayern kamen 1200 Fußknechte und 200 Reiter. Der ehemalige Bauernhauptmann Michael Gruber, nun erzbischöflicher Feldhauptmann, rückte mit 2 Fähnlein gegen seine Pinzgauer Landsleute vor. Im Brixentale wurden seine Fähnlein von den Bauern zersprengt, worauf die Bauern bis nach Hopfgarten vordrangen und Schloß Itter plünderten, wobei viel Geld erbeutet ward. Vom Lunggau her zog ein erzherzogliches Heer unter Lienhardt von Ernau und Franz von Thanhausen. Beim Überschreiten des Radstädter Tauerns wurden die Truppen von den Bauern überfallen und mit einem Verlust von 200 Mann wieder zurückgetrieben. Am längsten zögerte der schwäbische Bund mit der Hilfeleistung für den Kardinal. Dagegen stellte sich der Rat der Stadt Nürnberg denn

„der Geistlichen Gemüth sei allein dahin gerichtet, wie sie mit Hilfe des Bundes sich bei ihrer

Pracht, öffentlichen Tyrannei, Brennen, Schinden und Schaben der armen Leute handhaben und allerlei Abgötterei und unchristliche Händel wieder aufrichten, die evangelische Lehre aber unter dem Schein, als ob sie zum Aufruhr diene, mit Gewalt austilgen möchten. Wenn ein Bischof oder irgendein alter Pfaff nur ein wenig berührt werde, so sei alsbald ein Laufen, Schreien und Arbeiten, als wenn das Land unterginge."

Aber der schwäbische Bund beschloß doch die Beistellung einer ausgiebigen Hilfe für den Kardinal, der im Dezember des Vorjahres Mitglied des schwäbischen Bundes geworden war. Also rückten die Truppen des schwäbischen Bundes heran, vereinigten sich mit den erzbischöflichen Truppen und gingen gegen die Bauern vor. 15 Fähnlein wollten die Bauern von Abtenau her fassen. Aber die Bauern waren auf der Hut und zerstörten alle Brücken und Wege, sodaß die Bündischen mit ihrem Geschütz nicht vorwärts kommen konnten. Ein Teil der Bauern rückte den Truppen entgegen und verschanzte sich auf einem Berg in der Nähe von St. Martin. Dort kam es zu einem erbitterten Gefecht, bei dem die Truppen schwer geschlagen wurden. Bei einem einzigen Sturm verloren die Truppen nahezu 300 Mann. Mit einer Wut sondergleichen schlugen die Bauern um sich und zwangen die Truppen bis über Kuchl hinaus zu flüchten. Nun schien den Bündischen das Lager bei Kuchl nicht mehr sicher, weshalb sie sich bis nach Hallein zurückzogen. Von dort wollten sie die Bauern von drei Seiten umgehen und dann, vereint mit den Truppen des Erzherzogs, mit einem Schlag treffen. Also rückte Burghart von Ems vom Pinzgau her, der bündische Oberhauptmann Philipp Stumpf mit den Erzherzoglichen vom Lunggau her gegen Radstadt, wo inzwischen Michael Gaismayer mit drei Fähnlein bestbewaffneter Kriegsknechte zu den Bauern gestoßen war. Auf unerklärliche Weise war es Michael Gaismayer gelungen, von der Schweiz her bis nach Salzburg vorzustoßen und seine Fähnlein unbehindert durch Tirol zu führen. Michael Gaismayer brachte zumeist Tiroler und Schwaben mit, hervorragende Kämpfer, die alles zu gewinnen und nichts zu verlieren hatten. Das plötzliche Erscheinen Michael Gaismayers bewirkte, daß sich die Truppen der Fürsten in schleunigste Bewegung setzten. Jetzt galt es nicht mehr allein die störrischen Salzburger Bauern zu bändigen, sondern mit dem „Ketzerfürsten Michael Gaismayer" das Haupt und Herz der ganzen Bauernsache zu vernichten. Und der letzte Abschnitt des großen Deutschen Bauernkrieges begann. Er legt einen verklärenden Glanz heldischen Mannestums über das Geschehen des Jahres 1526.

## Der „Ketzerfürst"

Anfang Juni war Michael Gaismayer mit seiner Schar ins Bauernlager bei Radstadt gekommen. Bald darauf machten ihn die Bauern zu ihrem Oberhauptmann. Sein Bestreben war, den Salzburger Bauernaufstand weiterzutragen nach Tirol, um von dort aus die schwäbischen Bauern, die verzweifelt waren wegen des traurigen Ausganges ihrer Erhebung, zu neuem Aufstand zu bringen. Erst wollte er Radstadt nehmen. Es gelang ihm nicht, denn seine hölzernen Geschütze vermochten gegen die festen Mauern und die Entschlossenheit der Verteidiger nichts auszurichten. Dreimal ließ er vergeblich stürmen. Als er dann vom Heranrücken der bündischen, erzbischöflichen und erzherzoglichen Truppen hörte, gab er die Belagerung von Radstadt am 15. Juni auf und zog die Bauern zurück in ein festes Lager bei Altenmarkt. Über sechs Wochen hatte sich die Besatzung von Radstadt gehalten.

Am 19. Juni langte der Vortrab des bündischen Heeres vor Radstadt ein. Inzwischen aber hatte der Kardinal einen Aufruf an die Salzburger Bauern erlassen, in dem er sie zur Umkehr mahnte. Zugleich schickte er einige auserlesene Fähnlein vor, die den Paß Lueg von den Bauern freimachen sollten. Die Bauern am Paß Lueg befehligte Christoph Setzenwein. Es scheint, daß er, so wie im Vorjahre Michael Gruber und Kaspar Praßler, sich mit dem Kardinal in geheime Verbindung begab. Aber die um ihn gescharten Bauern hatten keinen Sinn für abermaligen Verrat. Sie stellten den Christoph Setzenwein vor ein Kriegsgericht und trieben ihn, samt seinem Profosen, durch die Spieße. Den Paß Lueg hielten sie. Inzwischen hatten sich alle angerückten Truppen der Fürsten in und um Radstadt gesammelt. Michael Gaismayer machte einen erfolgreichen Angriff auf drei Fähnlein bündischen Fußvolks, und verjagte sie. Am 24. Juni erfolgte der Angriff sämtlicher Truppen auf das Bauernlager. 20 000 Soldaten standen gegen 5 000 Bauern. Die Bauern zogen sich in die Wälder zurück und Altenmarkt ging in Flammen auf. Michael Gaismayer bezog ein verschanztes Lager. Die Truppen folgten ihm. Am späten Abend des 1. Juli ließ Michael Gaismayer die Bauern und seine Fußknechte antreten und sagte ihnen, daß er nach Tirol durchbrechen wolle, um die dortigen Bauern nochmals aufzurufen. Wer mitkommen wolle, könne es tun, die anderen sollten sich zerstreuen und abwarten, bis er wieder komme. 600 der besten Männer stellten sich zu Michael Gaismayer. Auch die Bauernhauptleute Peter Päßler und Sebastian Maier erklärten, mit Gaismayer zu gehen. Aus der im Lager vorhandenen Beute wurde ein nutzbarer Troß zusammengestellt. Dann ließ Michael Gaismayer die Flammen der Lagerfeuer hellauf schüren, damit die Soldaten glauben sollten, die Bauern wollten angreifen. In der Nacht aber brach er mit seinen 600 auf, während sich die übrigen Bauern lautlos zerstreuten und auf verschwiegenen Wegen ihre Heimstätten zu erreichen suchten. Als am lichten Morgen die Truppen angreifen und den letzten Schlag zu führen vermeinten, fanden sie das Bauernlager leer. Wütend jagten die Reiter dem Michael Gaismayer bis St. Johann nach. Aber der „Ketzerfürst“ war mit den Seinen schon tief drinnen in den Bergen. Er war ins Kaprunertal marschiert und stieg hinan zum Hochtorpaß, der in der Höhe von 2572 Meter, zwischen den Gletschern des Großglockners und des Hochhorns, den Weg nach Süden öffnet. Derweilen erschlugen die Söldner Michael Grubers im Bruderkampf 400 Pinzgauer Bauern, die sich bis zuletzt heldenhaft wehrten. Michael Gaismayer aber gewann die Straße nach Lienz und von dort die Straße nach Bruneck. Er wollte diesen festen Platz nehmen, Kaspar von Künigl verwehrte es ihm. Und hinter Michael Gaismayer her jagte Jörg von Frundsberg mit seinen besten Knechten. Die Tiroler Bauern versäumten ihre Stunde, ebenso wie früher und so oft ihre schwäbischen Brüder! Michael Gaismayer schlug sich durch das Gader Tal nach Buchenstein und von dort auf venezianisches Gebiet. In Venedig wurde er mit seinen Leuten von der Signoria wohl aufgenommen, der das verwegene Kriegsvolk gar wohl gefiel und als Gast „gar lieb und schön gehalten“. Es wurden ihm jährlich 400 Dukaten und ein Palast in Padua angewiesen. Dort spann er neue Pläne zur geistigen und leiblichen Befreiung der armen Leute seines Volkes. Das „Haus Österreich“ aber setzte einen hohen Preis auf seinen Kopf.

## Das Ende

In Salzburg war das Ende kurz und schrecklich. Am 11. Juli wurden die Bauern des Pongaues nach Radstadt berufen. Gegen tausend kamen. Ihrer 27 wurden aus der Menge herausgeholt und an Ort und Stelle geköpft. 4 Scharfrichter taten die Blutarbeit, damit jede Gruppe der Sieger daran teilhaben konnte. Etliche Bauern kamen noch später daran. Und aus war's in Salzburg, der letzten Hoffnung der Kämpfer des Bauernkrieges. Dann ward es stille in Salzburg, so still wie überall, wo der Bauernkrieg gewütet hatte. Ausgerottet wurde, wer sich nicht bückte, erdrosselt ward der letzte Rest vom Deutschen Recht. Vorbei war der Traum nach dem freien Wald, freier Jagd, freier Weide. Die Salzburger Bauern durften nur mehr einen Hund halten und es wurde ihnen auferlegt, diesen zur Jagdzeit an der Kette zu halten und zu prügeln. Ganz Süddeutschland und Österreich war Allode der Herren und Allmende der Fürsten geworden! Rom hatte gesiegt! Durch die Kanonen der Fürsten, die Schwerter der Henker, die mangelnde Einsicht der Ritter, die Selbstsucht der Bürger und die Einfalt der Bauern! Die Fürsten und Herren hatten über 100 000 Bauern verloren, Rom ging daran, sich die Seelen der Übriggebliebenen zu unterwerfen. Rom triumphierte! Ausgereutet waren die ketzerischen Disteln in Schwaben, im Elsaß, in Österreich. Der Weg zur „Bekehrung" war frei. Wer sich nicht überzeugen lassen wollte durch Überredung, Drohung und Druck, dem hielt man Martin Luthers Schrift „Wider die räuberischen und mörderischen Rotten der Bauern" entgegen. Da senkten viele brave Bauern, die für Luther und seine Lehre in den Kampf gezogen waren, die Augen und „bekehrten" sich. Besonders dort, wo der Henker immer noch in Bereitschaft stand. Leise auftretend, in äußerlicher Demut und innerlich voll Hoffart, schlürften die römischen Predigermönche durch das verwüstete, von gebrochenen Menschen spärlich bewohnte Land. Sie sammelten Seelen . . .

Wer noch glauben und hoffen konnte, wendete seinen Blick nach Süden, zum Michael Gaismayer. Dieser Mann war der letzte Halt. Alles kümmerliche Hoffen klammerte sich an ihn. Er wurde Bürger der Schweizer Eidgenossenschaft und hielt sich viel in der Schweiz auf. Spann Fäden nach Schwaben, nach Franken, nach Österreich. Eine neue, aber wohlvorbereitete, nach einem einzigen Kopf und Willen geleitete Erhebung sollte im Frühjahr 1527 losbrechen. Gegen Rom, gegen Habsburg, gegen die Fugger, gegen die Herren, für das Deutsche Recht, für die geistige und leibliche Freiheit, für des Reiches Einheit. Bis tief in die Räte der Städte reichten Michael Gaismayers Fäden. Noch einmal wurden sie zerschnitten durch die Richtschwerter der Henker. Aber der Kopf lebte noch, die Seele, der Wille! Da griff das gefährdete „Gottesgnadentum" zum letzten Mittel. Zwei spanische Söldlinge schlichen sich in den Palast von Padua, wo Michael Gaismayer sich wieder einmal befand. Des Nachts erdolchten sie ihn und der Kopf des „Ketzerfürsten" ward nach Innsbruck gebracht, um dort mit Gold aufgewogen zu werden. Rom und Habsburg aber waren eine schwere Sorge los. Und damit noch ein Schandfleck falle auf die Deutsche Mannestreue der Leute Michael Gaismayers, ward ein salzburgischer Söldner gedungen, der für 200 Dukaten und die erzherzogliche Gnade den braven Peter Päßler in Venedig hinterrücks erschoß. Auch der Kopf Päßlers wurde nach

Innsbruck gebracht als Beweis der Lumpigkeit des Mörders, sowie der Blutgier und des asiatischen Empfindens seiner Auftraggeber. Ausgemerzt war, was heldisch handelte, aber nicht ausgemerzt war, was heldisch dachte! Das lebte weiter in der Seele des Volkes und pflanzte sich fort durch die Geschlechter, obwohl von der Herrschenden alles getan wurde, um die Gedanken der Masse einzustellen auf den göttlichen Ursprung des römischen Cäsarenrechtes und des von ihm geforderten Sklaventums.

# Schluß

Wenn wir die Begebnisse des großen Bauernkrieges verfolgen und aufmerksam betrachten, dann drängt sich uns die Frage auf: „Was wäre geschehen und wo hätte die Bewegung geendet, wenn sich Martin Luther, oder wenn sich ein Teil der Ritterschaft, oder ein wesentlicher Teil der Bürger wirklich und mit Tatkraft zu den Bauern gestellt hätte?" Jedenfalls würde Deutschland, schon im Jahre 1525, ein anderes Gesicht bekommen haben. Die Bauern allein konnten dies nicht bewirken! Nicht weil es ihnen an Kraft, Mut und Willen fehlte, sondern weil sie unvorbereitet und ohne gemeinsame Führung in den Kampf gingen, zu sehr am Dorfe klebten und zur rechten Zeit keinen Führer fanden, der sie zu sich emporgerissen hätte. Franz von Sickingen und Ulrich von Hutten starben um drei Jahre zu früh, Michael Gaismayer kam um ein Jahr zu spät! Thomas Münzer war nur Prediger, Florian Geyer war nur Soldat. Bei der Masse der Bauernführer und der Bauern wirkten Erziehung, Gewohnheit und Umgebung zu stark, als daß sie sich gedanklich allzuweit von der Dorfnähe hätten entfernen können. Wer aber für die Zukunft kämpfen will, der muß eine weite Sicht haben! Diese fehlte überall, was verständlich ward, wenn man bedenkt, daß die Bauern keine Freizügigkeit hatten, daß sie gebunden waren an die Mauern der Klöster und Schlösser ihrer Herrschaften, daß nur die wenigsten lesen oder gar schreiben konnten. Wenn wir dies alles in Erwägung ziehen, dann erscheint uns das Wollen und Wirken der bäuerlichen Freiheitkämpfer der Jahre 1525 und 1526 ganz riesengroß! Was sie an Untaten übten — es ist nicht viel — ward aufgezeichnet und aufgebauscht von Fürstendienern und Pfaffenknechten, was sie an Heldentum übten, sank mit ihnen ins Grab und ward vergessen. In den meisten Fällen wurden die Bauern nicht geschlagen, sondern durch die Meintat überwältigt. So bei Weingarten, bei Frankenhausen, bei Zabern, an der Luibas. Obwohl damals der Jesuitenorden noch nicht bestand, das „reservatio mentalis" d. i. der geheime Vorbehalt, war doch schon gang und gäbe. Den ketzerischen Bauern gegenüber, vermeinten die Herren nach kirchlicher Lehre, brauchten sie nicht Wort und Vertrag zu halten. Die Herren dachten römisch, die Bauern dachten Deutsch. Sie konnten nicht anders, weil es so in ihrem Blute lag und ihr Denken über Treu und Glaube noch nicht verbildet war. Also wurden sie immer wieder hintergangen mit Verträgen und Versprechungen. Den Schlußstrich unter die meisten Verträge machte aber der Henker.

Wenn wir die Geschichte der Bauernkriege an uns vorüberziehen lassen und den letzten Ursachen derselben nachspüren, finden wir äußerlich betrachtet als Veranlassung die Bedrückung der Bauern durch die sich immer weiter ausbreitende Leibeigenschaft und den Despotismus der Fürsten und Herren. Die Ursache und die Möglichkeit dazu war jedoch im Deutschen Volk die Einführung eines artfremden Glaubens, des Christentums. Denn, sagte bereits der Deutsche Theologe Joh. Gottfried Herder:

„der ursprünglichen Verfassung Deutscher Völker war der Despotismus eigentlich so ganz zu wider, daß sich eher behaupten ließe, die Könige haben ihn von den Bischöfen gelernt, wenn diese Seelenkrankheit gelernt werden dürfte. Bischöfe nämlich brachten aus ihrer mißbrauchten Schrift, aus Rom und ihrem eigenen Stande morgenländische oder klösterliche Begriffe von blinder Unterwerfung unter den Willen der Oberherrn in die Gesetze der Völker und in seine Erziehung; sie waren's, die das Amt des Regenten zur trägen Würde machten und seine Person mit dem Salböl göttlicher Rechte zu Befugnissen des Eigendünkels weihten. Fast immer waren Geistliche die, deren sich die Könige zur Gründung ihrer despotischen Macht bedienten; wenn sie mit Geschenken und Vorzügen abgefunden waren, so durften andere wohl aufgeopfert werden.—"

Aber abgesehen von diesen Äußerlichkeiten zerstörte das artfremde Christentum die Volksverbundenheit, das Gefühl für die Volksgemeinschaft, welches vorher im Deutschen Volke herrschte und den einzelnen dem Mahnen der Volksseele entsprechend handeln ließ. Dieses Mahnen der Volksseele wurde nicht beachtet. Fremde Wertungen, Despotensitten wurden eingeführt und machten bei den Fürsten Schule, während die Kirche den Unterdrückten Demut und Unterwürfigkeit als höchste Tugend predigte und den Gottesstolz in diesen Menschen zerbrach. Wechselseitig stützten sich die herrschsüchtige Kirche und die machtlüstern gewordenen Fürsten, um ihre Herrschaft zu einer ständig wachsenden Macht auszubauen, welche sich nicht nur das Volk körperlich unterwarf, sondern auch auf die Seele erstreckte. Da sich jedoch der Gottesstolz und das Verlangen nach Freiheit niemals aus der Deutschen Seele reißen läßt, so mußten die Umstände einmal zu einem gewaltigen Ausbruch der Unterdrückten führen, wie es Ulrich v. Hutten bereits vorausgesagt hatte. Somit ist auch letzten Endes, ganz abgesehen von der Raffgier der Geistlichkeit, das Christentum an sich für das Blut, welches in den Bauernkriegen geflossen ist, verantwortlich, selbst dort, wo sich die Bauern nicht gegen die Kirche wandten. Unklar und unbestimmt war der Wille und das Streben der Bauern. Es fehlten die Führer, welche die Wurzel des Übels erkannten. Man sah nur die äußeren Zustände und ihre Wirkungen, ohne die tiefen seelischen Zusammenhänge zu ahnen und setzte die Kräfte an der falschen Stelle an. Die letzte Ursache war die Zerspaltung des Deutschen Volkes durch das Christentum, die gestörte Einheit des Volkes durch eine jüdische Glaubenslehre. Denn dadurch wurde ja das furchtbare Handeln der Fürsten erst möglich. Erst der Feldherr des Weltkrieges, Erich Ludendorff, erkannte diese letzten Ursachen und formte die notwendige Daseinsbedingung des Deutschen Volkes als die Einheit von Blut, Glaube, Kultur und Wirtschaft. Er knüpfte dort an, wo diese Einheit durch das jüdische Christentum auf dem Gebiete des Glaubens gestört wurde und wies nach, wie arteigene Kultur, Recht und Wirtschaft nur Ausflüsse eines arteigenen Glaubens sind und sein können. Erst dann, wenn d i e s e Einheit des Deutschen Volkes wieder vorhanden ist, wenn die seelische Geschlossenheit hergestellt ist und der arteigene Gottglaube, wie er von Dr. Mathilde Ludendorff zum Gotterkennen geführt wurde, die Deutschen Seelen erfüllt, sind die Möglichkeiten Zustände zu erleben, wie sie der Anlaß zu den Bauernkriegen waren, ausgeschaltet. Denn aus diesem Gotterkennen erwächst ein Handeln und eine Lebensbetätigung für alle Volksgenossen, welches vom Mahnen der Volksseele geleitet, Despotismus und Unterdrückung seitens Einzelner unmöglich macht. Es ergibt sich eine Freiheit für den Einzelnen, welche ihre sittliche Begrenzung lediglich durch die notwendigen Gesetze der Volkserhaltung findet, deren Forderungen ein seelisch geschlossenes Volk in heiliger Freiwilligkeit erfüllt.